ALAN LOY MCGINNIS

DESCUBRIENDO TRIUNFADORES

Cómo triunfar ayudando a otros a crecer

TALLER DEL ÉXITO

"Recomiendo este libro a todos aquellos que estén interesados en mejorar sus relaciones interpersonales con otros."

—JOHN WOODEN, antiguo jefe y entrenador
del equipo de baloncesto de la UCLA

"Un libro excitante, lleno de energía. Deseo que todos los miembros de mi comunidad lo lean y lo socialicen."

—LLOYD OGILVIE, pastor de la iglesia
presbiteriana de Hollywood

"Sabemos que los líderes no nacen, se hacen. Este libro ayudará a formarlos."

—DAVID HUBBARD, presidente
de *Fuller Technological Seminary*

"*Descubriendo triunfadores* puede cambiar
su vida y la de todo aquel que usted conozca."

—MARY KAY ASH, presidente *Mary Kay Cosmetics, Inc.*

"Este libro es una mina de oro; está lleno de sugerencias prácticas que le ayudarán a convertirse en un mejor padre y en un mejor administrador."

—KEITH W. SEHNERT M.D., autor del libro
Stress / Unstress (Con estrés / Sin estrés)

"He decidido que este libro sea de lectura obligatoria para todos mis gerentes."

—MICHAEL C. SCROGGIE, presidente de *Unicorn Systems Company*

"¡McGinnis es un ganador! Sabe cómo ayudar a la gente a descubrir todo lo que la vida tiene reservada para ellos."

—BRUCE LARSON, autor del libro *Salud, mucho más que no estar enfermo*

"Este es un libro que debe ser leído… ¡a menos que usted viva en total aislamiento!"

—DENIS WAITLEY, autor del libro *Seeds of Greatness* (Semillas de grandeza) y *The Double Win* (La doble ganancia)

"Este libro no sólo le ayudará a descubrir triunfadores, sino que le ayudará a descubrirse a sí mismo."

—GODFREY L. SMITH III, Chartered Life Underwriter Mutual of New York

"Este es el mejor libro que McGinnis ha escrito. Es absolutamente completo, y es un deleite leerlo."

—TIM HANSEL, presidente de *Summit Expedition*, y autor del libro *When I Relax, I Feel Guilty* (Cuando descanso, me siento culpable)

"Todo aquel que se interese por la excelencia y por saber cómo alcanzarla deberá leer Descubriendo Triunfadores."

—JAMES F. MONTGOMERY, presidente de *Great Western Financial Corporation*

Descubriendo triunfadores

Copyright © 2024 • Taller del Éxito y Alan Loy McGinnis

Título en inglés: Bringing Out the Best in People
Traducción: © Taller del Éxito Inc.
Primera edición impresa en 2009 por Taller del Éxito

Reservados todos los derechos. Ninguna parte de esta publicación puede ser reproducida, distribuida o transmitida, por ninguna forma o medio, incluyendo: fotocopiado, grabación o cualquier otro método electrónico o mecánico, sin la autorización previa por escrito del autor o editor, excepto en el caso de breves reseñas utilizadas en críticas literarias y ciertos usos no comerciales dispuestos por la Ley de derechos de autor.

Traducción al español: Copyright © 2024 Taller del Éxito, Inc.
Copyright © 2018 Taller del Éxito, Inc.
Sunrise, Florida 33323
Teléfono: 954-846-9494

Editorial dedicada a la difusión de libros y audiolibros de desarrollo personal, crecimiento personal, liderazgo y motivación.

ISBN: 9781607388852

25 26 27 28 29   R|GIN   10 09 08 07 06

ÍNDICE

Dedicatoria 11

Reconocimientos..13

Prefacio 15

CAPÍTULO UNO
La psicología de la motivación..17

CAPÍTULO DOS
Aprenda a esperar lo mejor..31

CAPÍTULO TRES
Un plan de motivación personalizado..47

CAPÍTULO CUATRO
Un compromiso con la excelencia 63

CAPÍTULO CINCO
Cómo enfrentar el fracaso..79

CAPÍTULO SEIS
Cómo cultivar el deseo de hacer lo mejor desde el interior........89

CAPÍTULO SIETE
El poder de una experiencia exitosa 105

CAPÍTULO OCHO
El secreto de transformar los pequeños
triunfos en grandes victorias 117

CAPÍTULO NUEVE
Cuándo elogiar y cuándo reprender..135

CAPÍTULO DIEZ
La voluntad de ganar..147

CAPÍTULO ONCE
Cómo hacer que la gente colabore entre sí................................159

CAPÍTULO DOCE
Cómo manejar a los causa problemas 177

CAPÍTULO TRECE
La personalidad del motivador..187

CAPÍTULO CATORCE
La mayor felicidad proviene de ayudar a otros 201

DEDICATORIA

Este libro habla acerca de enseñar a la gente cómo tener éxito y está dedicado a un hombre que no necesita leerlo, el señor William B. Carruth.

Cuando el señor Carruth llegó a *Friendswood School*, un caluroso día de septiembre de 1949, debió haberse sentido desconcertado ante el grupo de jóvenes que encontró allí. Se necesitaba sólo un edificio para albergar a los 12 cursos que allí se conducían; la biblioteca tenía menos de 200 libros y había tan pocos estudiantes que cuando llegaba un nuevo maestro se le daba una amplia variedad de temas para enseñar: historia, geografía, cívica, inglés.

El señor Carruth pertenecía al inmenso grupo de hombres que regresaron de la guerra con el deseo de recuperar el tiempo perdido. Él sabía muy bien lo que quería ser: un maestro. Aquello implicaba regresar a la universidad, y significaba tener 33 años para ir a su primera clase. Él no tenía las grandes aspiraciones de ganar mucho dinero trabajando en los pueblos pequeños de Texas. No obstante, cuando se presentó aquel día delante de nosotros, era muy evidente que estaba ansioso de empezar. Sin embargo, también había un destello de travesura en sus ojos, la cual era difícil de descifrar. Tal vez aquello hacía parte de su simpatía. Siempre había un cierto misterio en su pasado y en su personalidad que nos hacía permanecer a la expectativa. Quizás aquello era lo que imprimía energía y entusiasmo a su enseñanza. O quizás era la forma como se reclinaba en su silla, al terminar las clases, entrelazando sus manos detrás de la cabeza, escuchando a un puñado de muchachitos campesinos hablar acerca de sus sueños y temores. A tan solo un mes de su llegada, en todo momento había muchos jóvenes rodeándole y siguiéndole a donde fuera. Aquello ocurrió hace 35 años, no obstante, todavía recuerdo muchas de aquellas conversaciones, los sitios en que estuvimos, lo que él decía y lo que me hacía reflexionar.

El señor Carruth dejó de enseñar hace tiempo y está haciendo uso del buen retiro en Houston, donde espero que esté disfrutando de los frutos de los mejores años que invirtió en sus alumnos.

12 reglas de oro para descubrir triunfadores

1. Espere los mejores resultados de las personas que dirija.
2. Haga un estudio cabal de las necesidades de las personas.
3. Fije normas de excelencia elevadas.
4. Cree un entorno donde el fracaso no sea un asunto fatal.
5. Si otros van cerca del lugar adonde usted va, aproveche la oportunidad, y acepte el aventón.
6. Utilice modelos que promuevan el éxito.
7. Reconozca y aplauda los logros.
8. Utilice una combinación de refuerzos positivos y negativos.
9. Utilice con moderación el factor de la competitividad.
10. Premie la colaboración.
11. Prepare al grupo para enfrentar las tormentas.
12. Emprenda acciones para mantener siempre en alto sus niveles de motivación.

RECONOCIMIENTOS

Mis agradecimientos para las siguientes personas que han leído este libro y han hecho sugerencias muy útiles: Dale y Marlene Benecke, David Bower, Bill Carruth, Rev. Edward Danks, Dr. Dennis Denning, Thomas Edwards, Pat y Jane Henry, Don y Cherry Henricks, Robert Hughes, Dr. Taz Kinney, Tricia Kinney, Richard Laskin, David Leek (en muchas, muchas versiones, siempre con gran cuidado), Alan McGinnis Jr., Kent y Sherie Newell, Dr. Walter Ray, George Rybak, Theodore Saenger, Mike Scroggie, Nancy Smith, Mary Alice Spangler, Dr. Robert Swinney, Sandra Swinney, y Wendell Will.

Especiales gracias a Mike Somdal, quien, además de ser un amigo muy apreciado, tiene buen oído para el idioma, y sabe cuándo algo no suena bien. Las siguientes personas colaboraron también con la investigación: Mary Ellen Draper, Nury Godoy, Rena Inman, Sherry Kirtley, y Lisa Wood.

Y principalmente estoy agradecido con Diane. Ser escritor es divertido. Pero nunca había conocido a nadie que dijera que estar casado con un escritor lo fuera. De alguna manera maravillosa Diane se viste de esa gala de gracia y ecuanimidad.

Los casos que atiendo en mi práctica son lo suficientemente complejos y heterogéneos. De modo que los pacientes no se reconocen a sí mismos. Sin embargo, la topografía de sus vidas es exacta.

PREFACIO

Después de la publicación de mi primer libro *The Friendship Factor* (El factor de la amistad), empecé a recibir algunas solicitudes poco usuales. Algunos líderes corporativos me llamaron, diciendo: "Estamos experimentando problemas para motivar a nuestros empleados, especialmente a los más jóvenes, de modo que necesitamos que venga y hable con nuestros ejecutivos." Al principio parecía algo presuntuoso para un terapeuta familiar, que casi no sabía nada de negocios, intentar decirle a tales líderes la forma en que debían dirigir sus compañías. Pero puesto que la mayoría de mi investigación y escritos han sido sobre cómo las personas pueden llevarse bien unas con otras, empecé a buscar diversas maneras de ayudar a las personas de negocios a aplicar los principios aprendidos.

Los psicólogos cognitivos han hecho algunos descubrimientos interesantes sobre la motivación, pero también estaba seguro de que las lecciones más sensatas se podrían hallar en la historia. De modo que rastreé biografías hasta los tiempos de Alejandro Magno para aprender sobre cómo los líderes exitosos han inspirado a otros a ir una milla extra. Mi investigación reveló que existen alrededor de doce principios relacionados con la motivación y que la gente exitosa los estuvo utilizando mucho antes de que la psicología tuviera nombre. Adicionalmente descubrí que pese a los millones de palabras que se han escrito sobre Jesús, muy rara vez se le ha visto desde esta perspectiva; un aspecto muy curioso, ya que como sabemos, él ha sido el más exitoso motivador de todos los tiempos.

Así fue como nació y se hizo tan popular el seminario: "Descubriendo triunfadores." Al principio di estos discursos a ejecutivos de alto nivel en compañías de prestigio como IBM. Y mientras más trabajé con las áreas administrativas, más me di cuenta de que en este mundo de tanta tecnología, se necesitan, de forma apremiante, personas que sepan qué hacer para que se eliminen los roces en los ambientes de trabajo y que inspiren la excelencia dentro del personal de su empresa.

Luego me di cuenta que el tema tenía una aplicación más amplia. Descubrí que la mayoría de nosotros utiliza en casa las mismas técnicas de motivación que hemos aprendido en la oficina, y que, por ejemplo, las madres estaban interesadas en el tema más que nadie. También descubrí que casi todo el mundo es un motivador, ya sea en una situación o en la otra. Por ejemplo, cuando estamos animando a un amigo a perder peso, o charlamos con nuestros niños, o cuando estamos animando a alguien que está decaído, somos motivadores, sea que lo hagamos bien o no.

El propósito de este libro es transmitirle los principios que le permitirán hacerlo bien. Si usted los incorpora en su trato cotidiano con la gente, estoy convencido de que se sorprenderá de los logros que obtendrá. Y lo más importante, la gente a su alrededor estará muy agradecida. Porque lo que deseamos de nuestro jefe – dijo Emerson – es alguien que nos inspire a ser lo que sabemos que podríamos llegar a ser.

CAPÍTULO UNO

LA PSICOLOGÍA DE LA MOTIVACIÓN

"El arma más poderosa que existe sobre la tierra es el alma humana en acción."

—Ferdinand Foch

¿Se ha preguntado alguna vez sobre la forma como algunas personas descubren a los triunfadores? Parece como si siempre supieran lograr el esfuerzo extra de aquellos que están a su cargo. Seguramente todos conocemos a personas así. Profesores, jefes de compañías, algunos que también son entrenadores de béisbol o madres. Y en muchas ocasiones no son personas con una gran apariencia o inteligencia, no obstante, parecen poseer la habilidad de inspirar a la gente. Y esta habilidad sobresaliente que consiste en el arte de la motivación los hace altamente exitosos prácticamente en todo lo que hacen.

Por otra parte están quienes parecen producir lo negativo en nosotros. Cuando estamos cerca de esas personas nos sentimos torpes e ineptos y terminamos actuando de forma opuesta a lo que queremos; lo cual nos desconcierta más tarde. Sus charlas se convierten en sermones y, aunque intenten inspirarnos, lo que hacen en realidad es intimidarnos.

Las fuentes de inspiración

Mi trabajo como psicoterapeuta me ha dado la oportunidad de observar varias de estas situaciones y reflexionar sobre las fuentes de inspiración. Cuando conozco personas que han logrado grandes cosas, siempre les pregunto: "¿Qué lo motivó a usted? ¿Quién lo puso en el camino correcto?, y ¿cómo lo hizo?" Al recopilar esta información y al leer las biografías de los grandes líderes, empecé a ver qué tanto en los negocios, como en la política, así como en la vida de familia, de hecho en todos los aspectos de la vida, la motivación se resume en unos cuantos principios fundamentales, y al final, resulta que entrenadores como Bear Bryant, hombres de negocios como Lee Iacocca y líderes religiosos como la Madre

Teresa, han utilizado varias de las mismas herramientas para motivar a los demás y para hacer que la gente responda de formas similares y predecibles. En los capítulos siguientes consideraremos historias de docenas de líderes exitosos y los métodos que utilizaron para obtener un esfuerzo extraordinario de seres humanos comunes. Yo espero mostrarle como emplear esos métodos en las relaciones que tenemos día a día con nuestros semejantes.

Las doce directrices que se consideran en este libro son bastante sencillas. Pueden ser dominadas por cualquier persona que tenga suficientes deseos de inspirar a otros. Con ello no estoy diciendo que sean habilidades fáciles de aprender, y esto se debe a que cambiar nuestros hábitos en las relaciones interpersonales puede ser algo difícil y dominar el arte de la motivación puede implicar un esfuerzo arduo. No obstante, con la suficiente persistencia, cualquier persona puede convertirse en un experto en la materia. Los motivadores no nacen siendo motivadores, casi siempre se forman a sí mismos.

La fuerza del motivador

Ahora es el momento de desarraigar un concepto erróneo que circula ampliamente sobre este tema. Es el concepto de que nadie motiva a nadie sino que la motivación proviene de nuestro interior. No obstante, piense en las veces en que usted ha estado pasando por su mejor momento, ¿no se debió en buena medida a la presencia de alguna persona que lo motivó? Tal vez haya sido un profesor que sabía cómo obtener algo adicional de usted y lo estimuló en la forma debida e hizo que usted pasara toda la noche leyendo; o tal vez se trate del jefe aquel que hace que las cosas funcionen y que tiene la habilidad de dirigir a un equipo en el cual las personas producen más allá de sus capacidades acostumbradas. Wellington afirmó en repetidas ocasiones que cuando Napoleón estaba en el campo de batalla, equivalía a pelear contra unos 40.000 hombres. El punto es que podemos ser altamente motivados por el líder correcto.

Cuando Francia cayó en manos de Hitler en junio de 1940, parecía que las luces se extinguían por segunda vez en Europa en 25 años. En ese momento, Alemania se empezó a preparar sin demora para la invasión de las islas británicas, y los prospectos de resistencia exitosa eran sombríos. La Unión Soviética se hizo a un lado, los Estados Unidos estaban lejos de estar listos para participar en la guerra, y la mayoría de los estrategas militares anticipaban que Inglaterra, contando con pocas armas y poca preparación militar, caería ante la invasión en cuestión de semanas. Pero los expertos hicieron aquellas predicciones sin tener en cuenta la talla de un político de 65 años quien, luego de una carrera errática y de superar muchas frustraciones, fue designado como Primer Ministro el 10 de mayo. Los meses restantes de 1940 significaron un giro en la historia moderna. Inglaterra, y quizás todo el mundo occidental, deben su existencia a la habilidad de Winston Churchill, quien tuvo la capacidad de respirar esperanza en medio de una nación desalentada y asustada durante ese periodo de la historia.

Por un momento piense en las familias británicas reunidas en la sala de su casa escuchando a Churchill hablar a través de la radio, y piense a la vez en el efecto tan poderoso que puede tener en uno un buen motivador:

"La batalla de Francia terminó. Y la batalla de Inglaterra está a punto de comenzar. De esta batalla depende la supervivencia de la civilización cristiana. La furia y el poder del enemigo pronto se descargarán en nosotros. Hitler sabe que tendrá que desintegrarnos en esta isla o perder la guerra.

Por lo tanto, aferrémonos a nuestro fiel deber y resolvámonos a que el imperio británico, y su comunidad británica de naciones perduren por mil años. Entonces los hombres dirán: Esta fue nuestra mejor hora."

Considerando en retrospectiva la heroica defensa de Inglaterra frente a Hitler, la mayoría de personas concordarían en que esa ciertamente fue la "mejor hora" de Inglaterra. No obstante, aquel heroísmo podría haber permanecido dormido en el pueblo británico si Churchill no hubiese canalizado su voluntad.

El anhelo de inspiración

La historia demuestra que en casi toda situación hay un vacío esperando ser llenado por alguien que pueda impartir visión y convertir las energías de la gente en los mejores esfuerzos.

Algunos líderes asumen que la gente es perezosa y no quiere ser motivada. Esa premisa puede escucharse en las voces de algunos gerentes de ventas cuando dicen que nada parece encender la motivación en su personal. También puede verse reflejado en la queja de un profesor: "Harry no tiene motivación."

"Pero no existe tal cosa como gente sin motivación," dice R. J. Wlodkowski, un profesor de educación de la universidad de Wisconsin. Es más preciso decir: "Harry no está motivado a aprender conmigo." Esto es cierto porque Harry saltaría de su cama a las tres en punto de la mañana para ir a pescar y demostraría total motivación. Tan solo ver a un grupo de trabajadores de una fábrica apresurarse a salir del parqueadero después de cumplir con su turno, rápidamente hace descartar de la mente cualquier noción de pereza inherente. Salen apresurados a emprender las actividades de la noche, algunas de las cuales pueden ser más exigentes de las que hicieron durante el día.

De modo que el desafío que enfrenta el líder no es hacer que la gente perezosa se transforme en laboriosa. Más bien es canalizar las energías de la gente en esfuerzos más productivos. A la gente no le gusta comportarse de manera letárgica o aburrida. Acogerán al jefe que les enseñe a disfrutar su trabajo o al profesor que haga que su día en el colegio pase demasiado rápido.

Cómo fue que una madre inspiró a sus hijos

La granja se componía de unas 260 millas cuadradas de abrojos y matorrales en la frontera entre Nuevo México y Arizona y había sido propiedad de la familia Day desde 1881. Cuando Harry y Ada Mae Day iban a tener su primer hijo, viajaron unas 200 millas hasta El Paso, para el nacimiento. Ada Mae dio a luz a su hija Sandra, en medio de una vida de dificultades. La casa de adobe de cuatro espacios no contaba con servicios de acueducto ni electricidad. Tampoco había una escuela a una distancia razonable. Uno podría haber pensado que bajo tales circunstancias el futuro intelectual de Sandra iba a ser limitado. No obstante Harry y Ada Mae eran soñadores y no se dejaban limitar por su entorno. Tras la muerte de su padre, Harry tuvo que hacerse cargo del trabajo en la granja a cambio de ir a la universidad de Stanford. No obstante, nunca abandonó la idea de que su hija iría a estudiar allí. Mientras tanto Ada Mae continuó suscrita a periódicos y revistas metropolitanas tales como *The New Yorker* y *Vogue*. Cuando Sandra tuvo cuatro años su madre inició con ella el método Calvert de instrucción en casa y más tarde se aseguró de que su hija fuera a la mejor escuela de internado, según sus posibilidades.

Con el tiempo Sandra fue a Stanford y más adelante a la escuela de leyes. Más tarde se convirtió en la primera mujer en pertenecer a la Corte Suprema de los Estados Unidos. El día de su juramento, la familia Day estaba presente. Alan la observó cuidadosamente mientras se ponía su toga y se dirigía a tomar su puesto en medio de los otros jueces. Alan dijo: "Ella miró a su alrededor, vio a su familia y fijó sus ojos en ellos... fue en ese momento cuando mis ojos se llenaron de lágrimas."

¿Qué hace que una mujer como Sandra Day O'connor llegue tan lejos? La inteligencia, por supuesto. Y también grandes dosis de motivación interna. Pero mucho del crédito por ello se debe a una mujer con determinación, sentada en una casa muy pequeña en una granja, leyendo en la noche a sus hijos hora tras hora, a unos padres que hicieron todo lo que estuvo a su alcance para dar lo que mejor pudieron a sus hijos.

La motivación no es manipulación

Antes de continuar debemos aclarar que de lo que estamos hablando aquí no es de manipulación. Durante la última década un aluvión de libros han hablado de cómo salir adelante intimidando a otros y pasando por encima de ellos. Si usted adquirió este libro con la esperanza de aprender sobre cómo manipular a los demás lo más aconsejable es que lo devuelva al estante de libros de donde lo tomó. Este libro habla acerca de la motivación, no de la manipulación. La diferencia es esta: Usted es un manipulador cuando trata de persuadir a otros de hacer algo que no sea de beneficio para ellos sino para usted. Usted es un motivador cuando establece metas que resultan provechosas para ambas partes y entonces desarrolla un vínculo de metas e ideales loables, con el fin de alcanzarlos.

Toda persona de negocios debería ser un psicólogo

El éxito financiero de uno depende no tanto del trabajo duro y de la inteligencia sino más bien de su habilidad para interactuar con las personas. Muchos trabajadores brillantes adelantan muy rápido en sus carreras, gracias a sus conocimientos de vanguardia. No obstante, una vez llegan al nivel donde necesitan de otros para alcanzar el éxito, se truncan debido a que no han aprendido el arte de multiplicarse a sí mismos. Un psicólogo industrial dice que los ascensos de un trabajador a nivel operativo dependen en un 90% de su conocimiento técnico. En cuanto a los ascensos a nivel de supervisor el conocimiento técnico constituye un 50% y el otro 50% depende de la forma como conduzca las relaciones humanas. No obstante, los ascensos a nivel ejecutivo requieren de una experiencia técnica de un 20% y de un manejo de relaciones humanas de un 80%. Como vemos, se necesita hacer un cambio casi total de las relaciones, a medida que las personas ascienden en la jerarquía de su desarrollo profesional.

El poeta alemán Goethe observó: "El genio más grande no logrará mucho si intenta surgir de la individualidad de sus propios recursos." Sin embargo, esta ley es sorprendentemente ignorada por un gran número de trabajadores quienes nunca han experimentado las mieles del éxito. No han logrado alcanzar grandes cosas porque no dominan el arte de inspirar a otros. Los que logran prosperar, en muchas ocasiones tienen dones limitados, no obstante, motivan a su personal para lograr mejores resultados. Y esto es así porque cuando trabajan utilizan su tiempo para organizar y motivar a su personal.

El doctor James Schorr, vicepresidente ejecutivo de *Holliday Inns Inc.*, dijo: "Los grandes líderes (corporativos) entienden el comportamiento humano mejor que la cibernética de cualquier especialidad funcional." En otras palabras lo que el doctor Schorr dijo es que un buen motivador logra llegar a la cima antes que un genio. Cuando Andrew Carnegie contrató a Charles Schwab para administrar su extenso imperio del acero, este último fue el primer hombre de la historia en ganarse un millón de dólares al año. En una ocasión se le preguntó a Schwab qué hacía para ganar 3.000 dólares al día. ¿Era su conocimiento de la industria del acero? "Eso es disparatado," contestó Schwab, y añadió, "[…] tengo a muchos hombres trabajando para mí que saben mucho más del acero de lo que yo sé." Schwab recibía ese salario debido a su habilidad para inspirar a otras personas. En una ocasión dijo: "Considero mi habilidad de estimular el entusiasmo entre la gente como uno de los mayores bienes que poseo." Y cualquier líder que pueda hacer eso está en capacidad de ir casi a cualquier lugar y pedir el salario que desee.

La construcción de una moral elevada

Hasta aquí hemos considerado el arte de la motivación en la relación uno a uno, es decir, en el impacto que puede tener de una persona a otra. Sin embargo, la mayoría de las personas con las que trabajamos, tienen otras influencias que entran en juego, y a menos que un motivador aprenda a controlar esas influencias, ninguna relación de liderazgo "uno a uno" puede funcionar. Me refiero al poder del trabajo en equipo.

Ocurre un tipo de química eléctrica cuando uno pone a tres o más personas a trabajar juntas, ya sea una familia, un grupo de estudiantes o una corporación. Cuando se trabaja en grupo las personas empiezan a ejercer una serie de fuerzas unos hacia otros. Algunos grupos, por ejemplo, parecen producir cierta electricidad negativa. Puede ser un grupo de trabajadores descontentos o un grupo de criticones en un club. Si esta clase de grupos se dejan sin atención, pueden crear un tipo de campo negativo en muy poco tiempo.

¿Cómo puede uno impedir que tales sentimientos negativos obtengan trascendencia? Existen dos maneras de contrarrestarlos. La primera consiste en un secreto empleado por todos aquellos que trabajan en aumentar la moral: permiten que haya lugar para el conflicto en el grupo. No se llenan de pánico cuando los sentimientos negativos afloran, al contrario, los esperan y se preparan para enfrentarlos. Los problemas de motivación rara vez se les salen de las manos a estos líderes ya que construyen vías de comunicación de modo que los empleados descontentos o los estudiantes insatisfechos puedan emplearlas para expresarse. En los capítulos siguientes consideraremos el arte de manejar el conflicto y cómo hacer que los grupos cooperen con un mínimo de inconvenientes.

Cuando un grupo hace masa

Existe un segundo secreto utilizado por los motivadores experimentados. Consiste en hacer combinaciones de gente que aseguren un marco de pensamiento positivo desde el principio de un proyecto. El principio es este: el entusiasmo es contagioso, y la gente se motiva cuando la ponemos en contacto con otras personas bien motivadas. Eventualmente, cuando el optimismo alcanza suficiente temperatura, se empieza a producir el fuego de forma espontánea. De modo que el líder sabio, luego de descubrir quienes son los que pueden lograr más, los pone en contacto unos con otros. Las personas llenas de entusiasmo son como carbones encendidos que pueden juntarse con otros de igual condición y crear un fuego excelente. No obstante, un carbón solitario, rápidamente se apaga.

Tomemos como ejemplo a los presidentes corporativos y a quienes dirigen grandes organizaciones de voluntarios. Si ellos dependiesen de su entusiasmo únicamente para motivar a su personal, estarían motivando a su personal de forma frenética. No obstante, los líderes sabios utilizan las dinámicas de la psicología de los grupos en las reuniones que organizan. Saben que con el tono correcto pueden motivar mejor a diez personas en una reunión de grupo, que a diez personas motivándolas una por una. De modo que constituyen grupos de pensadores positivos en contacto permanente, los cuales se fortalecen mutuamente la fe. Y en algún momento, como si de electricidad se tratara, la unión del grupo hace masa. Y ocurre una cosa maravillosa y sorprendente cuando estos grupos hacen masa: se genera un entusiasmo mucho mayor que la suma de las partes.

La fortaleza que se genera en los grupos ha sido comprobada en varios estudios dirigidos en compañías como 3M, Frito-Lay, Procter & Gamble, e IBM. La investigación demostró que estas compañías han podido crecer tanto en los buenos como en los malos tiempos porque construyeron una "cultura" distintiva dentro de su organización. Los empleados nuevos en estas compañías aprenden que "aquí hay una forma de hacer las cosas." Esta atmósfera de objetivos y valores compartidos dirigen al personal en la dirección correcta, evita la confusión y ahorra tiempo.

Tal "*esprit de corps*" está presente también en las familias exitosas, algunas de las cuales parecen generar un estado de ánimo que anima a los niños a desempeñarse en niveles por encima del promedio. En aquellos casos los observadores podrían cometer el error de atribuir el éxito de estos niños al cociente intelectual heredado, cuando en realidad todo aquello se debe a más que simple inteligencia. Proviene de la energía y el entusiasmo que se generan dentro de la familia. Como en las grandes corporaciones, una cultura se desarrolla en estas familias. Se unen para luchar por metas comunes y promueven la grandeza entre sus miembros.

La complejidad de la inspiración

Nadie conoce cuál es el factor que hace que un grupo se convierta en un equipo exitoso y otro sea un fracaso total. Tampoco se sabe cuáles son todas las razones por las cuales algunos individuos tienen el deseo de hacer lo mejor y otros no. Existen variables de fuerza y fisiológicas, de historia psicológica, de tiempo y de lugar. Este libro no pretende explicar alguna técnica mágica que convierta a un niño de aprendizaje lento en un genio, o a un empleado poco fructífero en un visionario. Más bien, los principios considerados aquí le ayudarán a inspirar a la gente a hacer un mayor esfuerzo para conseguir resultados mejores de los que podrían haber logrado sin su ayuda.

Durante 12 años los *Green Bay Packers* ganaron el 30% de sus juegos y para 1958 su registro había descendido a uno de diez juegos ganados. Pero en 1959 llegó un nuevo entrenador, Vince Lombardi. Durante el reinado de nueve años de Lombardi, los

Packers ganaron en nueve temporadas, derrotaron a sus oponentes en un 75% y ganaron cinco campeonatos de la NFL, lo que incluyó dos súper copas.

¿Cómo se logró ese giro tan extraordinario? Frank Gifford comentó que no había sido porque Lombardi hubiese tenido un conocimiento mayor al de los demás, puesto que varios de los entrenadores anteriores tenían un conocimiento similar sobre estrategia y tácticas. Su secreto estaba en su habilidad para motivar a los jugadores. Él sabía cómo obtener un 10% adicional de cada jugador. Gifford dijo: "Multiplique 10% por 40 hombres del equipo, por 14 juegos en cada temporada. La victoria es segura."

En este libro vamos a considerar los principios de éxito de muchos líderes, quienes al igual que Lombardi, sabían obtener un esfuerzo adicional de la gente a su alrededor. Al aplicar esos principios usted aprenderá a obtener un 10% de la gente que compone su equipo de trabajo, y aquello significará la diferencia para ganar el juego.

CAPÍTULO DOS

APRENDA A ESPERAR LO MEJOR

"La lección principal que he aprendido en estos años es que la única manera de hacer a un hombre digno de confianza es confiar en él; y la forma más segura de hacerlo poco digno de confianza, es desconfiar de él y demostrar esa desconfianza."
—Henry L. Stimson.

"Las actitudes son más importantes que los hechos."
—Karl Menninger, M.D.

Tres meses después de retirarse de una compañía de ventas directas donde había trabajado durante 25 años, Mary Kay Ash decidió iniciar su propio negocio. Su abogado y muchos amigos pensaron que había perdido el juicio al invertir los ahorros de toda una vida, que equivalían a unos $5.000 dólares, en la temeraria idea de crear una firma de cosméticos. No obstante, la señora Ash tenía fuertes convicciones de que su negocio iba a prosperar en el mundo empresarial.

Después de solo 20 años de estar en el mercado, es decir en el año 1983, la compañía registraba ventas por más de 323 millones de dólares, y durante los cinco años anteriores había tenido un 40% de rentabilidad. Aquello ubica a la empresa de la señora Kay en la cima de rentabilidad en las empresas de los Estados Unidos. Una de las cifras de la compañía es absolutamente singular. El número de mujeres que ganan $50.000 dólares al año es superior al de cualquier otra compañía en el mundo. ¿Cuál es el secreto de su éxito? Este se debe en parte a la sobresaliente actitud positiva que la señora Ash demuestra hacia todos los miembros de su personal. Ella dijo: "Quería crear una compañía que le diera a las mujeres la oportunidad de lograr cualquier cosa de lo que fueran capaces de lograr." Y por lo que se puede observar, se ve que ella piensa que las personas que trabajan en su firma son lo suficientemente capaces de lograr cualquier cosa que se propongan. Cuando uno ingresa al edificio decorado de vidrio y colores dorados, donde reside la casa matriz, observa en un tamaño más grande del natural las fotografías de los directores nacionales de venta. ¡Esto impresiona! Como Mary Kay lo dice: "Mientras otras compañías utilizan pinturas o esculturas o quizás las imágenes de sus productos, nosotros queremos que nuestro mensaje sea: Somos una empresa para la gente."

Infortunadamente, cuando muchas personas alcanzan la posición de líderes, asumen una postura diferente y pronto se encuentran desempeñando el papel de policías. Dado su conocimiento y experiencia piensan que es su deber mirar por encima de los hombros de las personas para detectar errores y descalificar su trabajo; y que están allí para impedir que se cometan errores. Al adoptar tal papel de guardianes, construyen con prontitud un tipo de relaciones antagónicas, lo que termina ocasionando que las personas acompañen a sus jefes por un simple sentido del deber. Por otra parte, los buenos maestros y los buenos jefes, no dedican el tiempo a repasar los errores de su personal. Más bien, se esfuerzan por identificar las fortalezas que otros han pasado por alto y buscan la manera de hacer que esas fortalezas se capitalicen en su grupo.

Más que todo, la actitud que despleguemos hacia nuestra gente en el salón de clases o en la oficina, determinará el éxito o el fracaso de su desempeño. Si la gente sabe que esperamos buenas cosas de ellos, en la mayoría de los casos, se esforzarán por satisfacer nuestras expectativas. No obstante, si esperamos lo peor, cumplirán esas expectativas con impresionante precisión.

De modo que la primera regla de un buen motivador es esta:

Espere los mejores resultados de las personas que dirija

Hace algún tiempo, presenté un discurso en un club exclusivo de Toronto, y al terminar la reunión un hombre mayor se acercó para hablar conmigo. Era alto, delgado y vestía con elegancia. A sus 74 años estaba en proceso de retiro de una empresa que producía lápices. Por un momento pensé: "Qué forma tan aburrida de ganarse la vida." De modo que le dije: "Apuesto a que se siente contento de retirarse de ese negocio, ¿no es así?"

Él respondió: "De ninguna manera. Creo que voy a extrañarlo con toda mi alma. ¿Y sabe qué es lo que más voy a extrañar? Los amigos que he hecho estos años. Algunos de mis proveedores y clientes han sido mis mejores amigos en estos 40 años. A muchos de los gerentes y de los que se desempeñan en puestos directivos los contraté justo después de que terminaran la universidad. Siento una enorme satisfacción de haberlos ayudado a salir adelante."

A medida que continuamos hablando, supe que este hombre había construido una compañía de varios millones de dólares y que la había vendido recientemente por una gran suma. Sin embargo, su éxito no debe sorprendernos, si consideramos su profunda capacidad para creer en la gente. Había aprendido el arte de encontrar el lado bueno de las personas y había aprendido a edificar sobre él. Y en el camino de ayudar a otros a alcanzar el éxito también consiguió mucho dinero.

En cualquier negocio donde estén implicadas otras personas, sean empleados o clientes, la actitud lo es todo. En palabras sencillas, la gente que quiere a la gente y que considera que aquellas personas a quienes dirigen tienen las mejores intenciones, logran los mejores resultados.

Por otra parte, el líder con características de policía, que en todo momento está mirando el lado flaco de los demás, encontrará que la gente se pone a la defensiva y en posición de auto-protección y que las puertas de sus posibilidades internas se cierran rápidamente.

Cómo convertir a su hijo en ladrón

Cada vez más los estudios en psicología demuestran que los seres humanos tenemos el poder de obtener lo mejor o lo peor de las personas que nos rodean por las expectativas que abriguemos de ellos. El ejecutivo que adopta la actitud de: "Tú ya no me eres útil" y el maestro que piensa que sus estudiantes son perezosos, tienen un efecto poderosamente negativo sobre las personas que dirigen.

El psicólogo C. Knight Aldrich, quien trabajó por años con niños con antecedentes delictivos, escribió un artículo fascinante en una revista de psicología, en el que explicó cómo puede ocurrir que los padres conviertan a sus hijos en ladrones. Ésta es la forma de hacerlo. Digamos que un niño, y todos los niños en algún momento lo hacen, se roba un artículo pequeño. Supongamos que se robó unos dulces. El padre le dice a su niño: "Ya sé que eres ladrón. Estaremos vigilándote de aquí en adelante." Lo más probable es que el niño continúe robando y que de forma gradual pase de robarse un dulce a robarse un automóvil.

Por otra parte, se puede reaccionar de forma firme pero amable al decir: "Tom, yo sé que esta no es la forma en que te comportas habitualmente. Debemos regresar a la tienda y remediar esto. No vamos a hacer de esto un gran asunto. Lo que hiciste estuvo mal y tú lo sabes, pero estoy seguro que no lo vas a hacer de nuevo." Luego de un manejo como este, la carrera criminal de la mayoría de los niños que están en esa situación, habrá terminado. El principio es muy antiguo: cuando se asume una actitud negativa, se retroalimenta en la gente su debilidad, se le pone de cara a sus faltas y su comportamiento empeora. Cuando se asume una actitud positiva y se destacan los buenos aspectos de la persona, se le pone en contacto con sus buenos atributos y su comportamiento mejora.

Creer en las mejores intenciones

En una ocasión vino a mi oficina un paciente de 17 años y dijo con tristeza: "Estoy muy cansado de escuchar que no estoy dando todo lo que puedo dar de acuerdo con mi potencial. Cada vez que un profesor adopta esa tónica yo siento que quiero darme por vencido. Mi papá tiene una rutina mensual de decirlo."

Este adolescente es el resultado típico de unos padres que quieren lograr resultados sobresalientes. Su padre es médico y tiene terribles problemas tanto con sus empleados como con sus hijos porque espera la misma clase de resultados de todos ellos. Padres así intentan inspirar a sus hijos, pero el resultado es deficiente. Esta es la razón: cuando dicen: "Tú tienes un gran potencial," hacen un elogio del talento de la persona, pero lo anulan rápidamente con la observación: "Tú no estás aprovechando todo ese potencial." En el camino atacan el carácter de la persona, lo cual es un asunto muy serio. Cada uno de nosotros, no importa cuántas carencias tenga, desea creer que tiene las mejores intenciones y desea que los demás también crean lo mismo.

El efecto Pigmalión

En la obra de George Bernard Shaw, Pigmalión, un profesor, ayuda a una joven prostituta cuyo nombre es Eliza Doolittle, a convertirse en una dama elegante. Él logra esto al tratarla como a una dama todo el tiempo, hasta que ella empieza a vivir de acuerdo con sus expectativas. Goethe expresó este principio de la siguiente manera: "Trate a un hombre de la manera que aparenta ser y lo hará peor, pero trate a un hombre como si ya hubiese alcanzado todo su potencial y logrará que lo alcance."

Un estudio famoso dirigido por los doctores Robert Rosenthal, psicólogo de Harvard y Lenore Jacobson, director de la Escuela de San Francisco, ilustra muy bien este punto. Ellos plantearon la pregunta: ¿Les va mal a algunos niños en el colegio porque sus maestros esperan que así sea? Conjeturaron que si así era, al elevar las expectativas de los profesores se elevarían también los resultados de los niños. De modo que se hizo un test de habilidad de aprendizaje con niños de jardín a quinto año y algún tiempo después se dieron los resultados del test a unos profesores, indicando que cinco niños que habían sido escogidos aleatoriamente, habían demostrado capacidades como niños de altísimo rendimiento con excelentes habilidades para el aprendizaje.

Lo que los profesores no sabían era que los resultados del test habían sido alterados y que los nombres de los niños "con altísimo rendimiento" habían sido escogidos aleatoriamente. Al final del año escolar todos los niños participaron en un nuevo test, y los resultados fueron asombrosos. Los niños que los profesores pensaron que tendrían un mayor potencial tuvieron puntajes mucho más sobresalientes y obtuvieron un incremento de medición de IQ superior, entre 15 y 27 puntos. Los profesores describieron a estos niños como seres más felices, más curiosos y más cariñosos que el promedio de los otros y con mejores posibilidades de alcanzar el éxito en la vida. El único cambio que había ocurrido en aquel año era el cambio en la actitud de los profesores. Dado que se les había indicado qué podían esperar de estos niños, los niños respondieron con mayores expectativas sobre sí mismos. El profesor Rosenthal lo analiza de la siguiente forma: "La explicación probablemente subyace en la sutil interacción entre los alumnos y el profesor. El tono de la voz, las expresiones faciales, el tacto y la postura, pueden ser elementos por medio de los cuales inconscientemente, los profesores comunican sus expectativas a los niños. Y tales formas de comunicación pueden ayudar a un niño a cambiar su propia percepción acerca de sí mismo."

El valor de centrarse en las fortalezas en vez de las debilidades

La mayoría de las personas con las que nos relacionamos tienen dentro de sí una combinación de lo positivo y lo negativo, ambición y conformismo, fortalezas y debilidades. Podemos escoger entre edificar sobre sus fortalezas u obsesionarnos con sus debilidades. En una ocasión hablé con un feligrés de una iglesia exitosa. El pastor, quien había liderado a su congregación por más de veinte años, tenía debilidades manifiestas. Pero la gente parecía quererlo y la parroquia había prosperado. Yo le pregunté al hombre cómo era posible esto y expresó una idea muy sabia: "Nuestro ministro tiene grandes fortalezas y algunas debilidades. De modo que hemos tratado de concentrarnos en sus fortalezas y no prestarle atención a sus debilidades."

Al adoptar esa actitud la congregación logró dos cosas: 1) habían logrado evitar las murmuraciones y las críticas, que son tan comunes en las iglesias y en los negocios, y 2) con su espíritu generoso habían estimulado a su pastor a hacer lo que estaba a su alcance para lograr lo mejor. ¿El resultado? Un ambiente de compañerismo que ha reportado beneficios año tras año.

El placer de descubrir el talento escondido

Cuando elegimos adoptar un punto de vista positivo, empiezan a brotar talentos escondidos. Elbert Hubbard dijo en una ocasión: "Existe algo que es muy escaso, algo que es difícil de encontrar, algo superior a la habilidad que es la facultad de reconocer la habilidad." Las personas comunes y corrientes pueden lograr cosas extraordinarias cuando los profesores y los jefes son lo suficientemente pacientes para esperar que la habilidad se haga manifiesta.

Los libros de historia están llenos de relatos de gente talentosa cuyos talentos fueron menospreciados por una sucesión de personas hasta que llegó alguien que creyó en ellas. Einstein no habló sino hasta los cuatro años de edad y aprendió a leer a los siete. Isaac Newton obtuvo malas notas cuando estudiaba. Un editor de periódicos despidió a Walt Disney porque no tenía "ideas buenas." León Tolstoi abandonó el colegio y Werner Von Braun perdió algebra en noveno grado. Haydn se dio por vencido al darle clases a Beethoven, porque parecía ser un niño lento y torpe con muy poco talento para la música.

Se puede extraer una lección de todos esos relatos. Las personas tienen diferentes ritmos de desempeño, y los mejores motivadores están siempre a la búsqueda de los talentos escondidos. En una ocasión se le preguntó al presidente de una compañía: ¿Qué negocio tiene usted? Él contestó: "Tengo el negocio de hacer crecer a la gente. Por ejemplo, de enseñar a quienes son fuertes a ser más autónomos, más seguros, más competentes. Nuestro negocio es hacer y vender cosas que la gente quiera comprar por el beneficio que ello produce." No sorprende que sus empleados, quienes probablemente sólo trabajarían ocho horas para ganarse el sustento, estén dispuestos a trabajar diez y doce horas al día por un líder que establece metas y objetivos claros para ellos.

Un entorno en el cual crecer

Podemos hacer un gran favor a las personas a nuestro alrededor si no sólo les ayudamos a descubrir sus dones, sino también les proporcionamos un entorno donde puedan desarrollarlos. Theodore Roosevelt escribió: "Existen dos clases de éxito. Uno es el éxito del hombre excepcional que tiene la fuerza de hacer lo que nadie más ha hecho. Ése es un genio. Y existe el hombre promedio quien obtiene lo que llamamos éxito sin ser un genio. Simplemente es el hombre que tiene cualidades comunes, similares a las de los demás, pero que ha desarrollado esas cualidades en un grado mayor de lo común."

La gente necesita una atmósfera en la cual afinar sus cualidades y descubrir sus fortalezas. Las biografías de los talentosos están llenas de relatos de personas a quienes un profesor o un empleador descubrieron una chispa de talento que nadie más vio.

La naturaleza del espíritu humano

Es importante entender que la actitud con la cual nos relacionamos con las personas tiene que ver mucho con lo que creemos personalmente respecto a la raza humana. Douglas McGregor, pionero en el campo de la psicología industrial, se volvió cada vez más optimista respecto a la naturaleza humana entre más la estudiaba. Cuestionando lo que llamó "La teoría X", refiriéndose al punto de vista autoritario en que la gerencia asume que las personas son tontas y necesitan que se les diga qué hacer, desarrolló "La teoría Y". En esta teoría se trata a los personas como individuos y se les respetan sus derechos humanos. La investigación de Abraham Maslow corroboró la teoría de McGregor sobre la administración. Como psicólogo de la universidad de Brandeis, Maslow estuvo particularmente interesado en ver cómo lograr experiencias límite, a las que denominó "Los niveles altos de la naturaleza humana." Mientras más investigó sobre este fenómeno, más convencido estuvo que la gente desarrolla más potencial si se le estimula para lograrlo. Escribió: "Descubrí que había más de lo trascendental, de lo altruista y de lo idealista en la gente de lo que había imaginado antes."

En la universidad estuve expuesto a teorías sombrías sobre la naturaleza del hombre y leí a filósofos que consideraban al hombre como un *homo sapiens* un tanto depravado. Pero mientras más hablaba con la gente en mis sesiones de consultoría, especialmente cuando se hallaban bajo hipnosis y me hablaban de sus sueños, más me convencía de que la naturaleza humana ha sido frecuentemente subvalorada. Y aunque veo el lado más oscuro de miles de personas, creo más que nunca en las potencialidades del espíritu humano.

Una de las razones por las cuales me he vuelto más tolerante que la mayoría de las demás personas, es que como terapeuta, he tenido la ventaja de contar con información de mis pacientes que la mayoría de las personas no tienen el privilegio de conocer, y he descubierto que casi nunca podemos ver la totalidad de una persona en el entorno social. Cuando un individuo parece ser tacaño y perezoso, tan solo estamos viendo una parte de esa persona, revelada a través de un conjunto de circunstancias en un día en particular, y hacemos bien en esperar un poco antes de sacar conclusiones definitivas de lo que es la totalidad de la persona.

Cuando las personas cambian

Algunos pesimistas dicen que las personas no cambian, que un leopardo no puede cambiar sus manchas. No obstante, todos estamos cambiando todos los días, para bien o para mal. Un contador público me visitó en mi oficina. Venía a preguntar por su madre, quien es paciente en nuestra clínica. De su conversación supe que su carrera estaba en uno de sus mejores momentos, que hace poco hace parte de un conglomerado de ocho empresas de contaduría. En un momento dijo: "La mayoría de las personas poco creerían que pasé cuatro años de mi vida sumido en el vicio de las drogas. Pero es cierto." Luego pasó a explicar cómo terminó todo aquello debido a la mujer de la cual se enamoró hace nueve años. Y mientras este hombre permanecía sentado aquí en mi oficina, saludable, alerta y exitoso, me daba cuenta del terrible cinismo que es afirmar que la gente nunca puede cambiar. ¡Por supuesto que puede cambiar! Y nosotros podemos influir en algún grado en ese cambio.

La habilidad de estirarse

Todos podemos asumir un punto de vista más positivo al respecto si recordamos la enorme capacidad que tenemos los seres humanos para adaptarnos. William James dijo: "Todos tenemos capacidades dormidas en nosotros, y las exigencias del día no piden que las activemos. Comparado con lo que deberíamos ser, no somos ni la mitad. Nuestro fuego se encuentra apagado. Nuestros borradores sin terminar. Sólo hacemos uso de una parte de nuestros recursos mentales y físicos. Diciéndolo de forma sencilla: el ser humano vive muy por debajo de su potencial. Posee facultades de varias clases las cuales deja de poner en vigor con demasiada frecuencia.

Es evidente que nuestro organismo ha almacenado reservas de energía que no utiliza en la cotidianidad. Energía lista para ser utilizada si nos atrevemos a hacerlo."

Esa observación no fue hecha por un conferencista en temas de motivación en un seminario sobre mercadeo; fue hecha por un decano de *American Psycologists*. Sus conclusiones son importantes no sólo respecto a lo que dijo sobre nuestro potencial no desarrollado, sino también respecto a todo el potencial no descubierto en las personas que nos rodean. Si James está en lo cierto, la gente tiene la capacidad de estirarse de forma sobresaliente y en nuestro círculo de conocidos reside un potencial de energía esperando ser liberada y controlada.

Cuando Dwight Eisenhower presidió la Universidad de Columbia, llamó al profesor John Erskine, el mejor profesor que ha tenido la universidad de Columbia. Erskine era uno de los hombres más versátiles de su era, educador, pianista de conciertos, autor de 60 libros, director de la escuela de música de Julliard, y conferencista destacado. Escribiendo acerca de su carrera sobresaliente, su esposa Helen atribuyó el éxito a su "optimismo indómito." Ella dijo: "Fue un excelente profesor gracias a su propio entusiasmo por aprender y a su optimismo hacia el futuro." Siempre le decía a ella: "Contémosle a las nuevas generaciones los libros nuevos y mejores que tendrán que escribirse, los mejores cuadros que no se han pintado, los mejores gobiernos que no se han conformado y el bien que será alcanzado por ellos."

Capitalizando sobre el deseo de alcanzar el éxito

Parece un hecho obvio, pero muchos líderes ignoran esta simple verdad la cual declararé de forma explícita: Nadie quiere convertirse en un fracaso. Casi todos deseamos alcanzar el éxito. Emerson afirmó: "Todo hombre cree que tiene una posibilidad mejor." Y todos mis pacientes, no importa cuán deprimidos y decaídos estén, parecen creer que tienen la posibilidad de hacer algo mejor. Puede que se estén comportando de forma terrible y su desempeño sea deficiente. No obstante, quieren mejorar y existe una explicación para su desempeño actual.

Para quienes lo desestiman, tales conclusiones son simples excusas, y resulta fácil afirmar que tales personas nunca lograrán sus aspiraciones. Su camino hacia el infierno está pavimentado con buenas intenciones, dicen los escépticos. Con todo, el punto es este: muy dentro de cada uno existe un anhelo de lograr algo, de ser alguien. Y allí existe un maravilloso punto de inicio para el motivador. Si usted se conecta con ese anhelo y demuestra que cree en los prospectos de esa persona, ese individuo hará cualquier cosa para satisfacer sus expectativas. Y trabajarán para usted más duro de lo que trabajarían para alguien más en el mundo. Bill Hewlett, uno de los fundadores de Hewlett Packard dijo: "Nuestra política nace de la creencia de que las personas quieren hacer un buen trabajo, un trabajo creativo, y si ellos tienen el entorno apropiado lo harán."

"Ella quería que yo alcanzara el éxito más de lo que yo lo deseaba"

En una ocasión estaba esperando mi turno para hablar en una conferencia de ventas donde también se estaban dando los premios por desempeño sobresaliente durante el año. Una mujer que tuvo un desempeño sobresaliente y que ganó una suma considerable de dinero durante ese año, dio todo el crédito a su gerente de ventas. Cuando se puso de pie en frente a una muchedumbre de 3.000 personas, sosteniendo el premio de mejor productora del año, recordó la mala situación que había experimentado dos años atrás. En aquel tiempo el futuro le parecía tan sombrío que estuvo dispuesta a renunciar y en varias ocasiones llamó a su supervisora para anunciar su renuncia. No obstante, su superior siguió instándole a continuar diciéndole que ella no lo había intentado lo suficiente y que ella no habría sido contratada si no se hubiera visto el gran potencial que tenía. Su voz temblaba a medida que contaba la historia. Luego hizo el siguiente comentario: "Por todos aquellos meses que quise renunciar y que pensé que no tenía futuro, Joan creyó en mí más de lo que yo creía en mí misma. Ella quería que yo alcanzara el éxito más de lo que yo lo deseaba."

La gerente de ventas había empleado eficazmente la primera regla de la motivación: Espere los mejores resultados de la gente que dirija.

CAPÍTULO TRES

UN PLAN DE MOTIVACIÓN PERSONALIZADO

"Debemos darle a todo deseo de vivir la misma reverencia que le damos a nuestra existencia."
—Albert Schweitzer

Tomás de Aquino, quien sabía bastante sobre educación y motivación, dijo en una ocasión que cuando uno deseaba que otra persona adoptara su punto de vista, uno debería ir hasta el lugar donde la persona se encuentra, tomarla de la mano y guiarla por el camino. Uno no debe pararse al otro lado del camino y gritarle para que venga donde uno está. No debe increpar a esa persona; debe iniciar desde la posición donde la persona se encuentra y empezar el trabajo desde esa posición. Esa es la única manera de persuadirla.

Ese principio se evidencia cuando se considera el éxito sobresaliente del vendedor de seguros Frank Bettger. Él había sido un jugador profesional de béisbol, a quién le tuvieron que adaptar un brazo ortopédico, razón por la cual cambió de profesión para probarse en el campo de la venta de seguros. Al principio no le fue bien y a los 29 años terminó lleno de deudas. Luego, tan sorprendente como pueda parecer, se volvió tan exitoso en su área que estuvo en posición de pensionarse a los 41 años de edad. Bettger atribuye su éxito al cambio que hizo a su enfoque de ventas, debido en parte a un discurso que escuchó en el hotel Bellevue-Statfor de Filadelfia. El orador era uno de los mejores vendedores de Norteamérica, J. Elliott Hall. Hall contó cómo él mismo había fracasado como vendedor hasta el punto de querer darse por vencido hasta que descubrió por qué estaba fallando. Confesó que había estado haciendo "demasiadas declaraciones positivas."

Bettger dice: "Aquello sonó tonto, pero hizo que me sentara a escuchar." Hall explicó que su error había consistido en pasar demasiado tiempo intentando alabar su producto y muy poco tiempo haciendo preguntas al cliente en perspectiva. Bettger añade: "Las preguntas de Hall tenían un solo propósito: ayudar a las personas a identificar lo que querían y luego, indicarles cómo alcanzarlo." Aquella idea revolucionó la actitud de Bettger respecto a las ventas. Él dijo: "Antes de esto, había pensado en las ventas como en un medio para ganarme la vida. Sentía miedo de ir y visitar a las personas, por temor de que me convirtiera en una molestia para ellos. Pero ahora, ¡tenía inspiración! Y me resolví a dedicar el resto de mi carrera en las ventas a aplicar este principio: Averiguar lo que la gente necesita y ayudárselo a conseguir."

De modo que la regla número dos para descubrir triunfadores es esta:

Haga un estudio cabal de las necesidades de las personas

Muchos líderes pasan por alto este paso esencial. Consideran la motivación como un simple asunto publicitario, como un asunto de dar palmaditas en la espalda y dar vivas. Pero esto es más que simplemente eso. Un buen plan de motivación debe ser planeado tan cuidadosamente como cuando un diseñador hace un traje nuevo. Y después de iniciar un programa de liderazgo y cambio es importante estudiar a los clientes cuidadosamente. Debemos hacer muchas preguntas acerca de qué es lo que hasta ahora ha obtenido la gente y qué es lo que realmente desea conseguir. Necesitamos saber lo que piensan, así como sus necesidades más esenciales; lo que aman y lo que odian. En otras palabras, necesitamos hacer una encuesta sobre las necesidades reales de la gente. Freud nos hizo un gran favor al mostrarnos que todo tipo de comportamiento es causado por algo y que todas las personas hacen las cosas por algún tipo de motivación. De modo que si la gente es motivada a través del deseo, podemos evitar mucha frustración y fracaso si estudiamos cuidadosamente sus necesidades para ver cómo podemos captar su atención.

Frank Bettger nos indica cómo aplicó este principio en su iglesia. Nombrado superintendente de una pequeña escuela dominical, la cual experimentaba varios problemas, pensó que la necesidad inmediata era tener un mejor tipo de organización. De modo que organizó una sesión de preguntas para el servicio del siguiente domingo durante cinco minutos. Explicó: "Sabía que debía hacer una venta y que podía haberme puesto en medio de la congregación diciéndoles lo que yo deseaba hacer, animándoles a cooperar conmigo. Pero decidí que debía tener una mejor opción, conseguir lo que yo quería, averiguando qué era lo que ellos querían." Así fue como él habló ante el grupo:

> "Quiero hablarles durante algunos minutos acerca de las cosas que a ustedes les gustaría hacer. Muchos de ustedes tienen niños y desean que ellos vengan a la escuela dominical y conozcan a otros niños y aprendan más sobre la vida y sobre las verdades de este gran libro. Y ustedes y yo deseamos que los niños eviten los errores que yo y posiblemente ustedes han cometido, ¿cómo podemos hacerlo?
>
> La única forma en que lo podemos lograr es construyendo una gran organización. Ustedes por ahora tienen tan solo nueve instructores en la escuela, incluyendo al pastor. Necesitamos al menos veinticinco. Algunos de ustedes vacilan en enseñar porque enfrentan los mismos temores que yo enfrenté hace doce meses cuando empecé a dar clases a los niños, y porque no tienen suficiente conocimiento acerca de la Biblia. Bueno, puedo decirles que pueden aprender más de este libro en seis meses al enseñar a estos niños veinte minutos cada domingo de lo que aprenderán en seis años con simplemente escuchar.
>
> Los matrimonios podrán estudiar y preparar las lecciones juntos y eso los acercará más como pareja. Y si tienen niños, ellos se interesarán por lo que ustedes están haciendo.

Recuerden la parábola de Jesús de los hombres a los que se les dieron los talentos. No conozco una forma mejor en la que se puedan mejorar y multiplicar los talentos que por medio del trabajo de enseñar"

¿Qué sucedió luego del discurso de Bettger? Esa mañana se registraron veintiún nuevos instructores. Al principio no hubo suficientes niños para las clases, de modo que se dividieron el trabajo. Algunas clases se iniciaron con solo dos o tres niños. Luego empezaron a ir de casa en casa e invitaron a casi todos los niños de la comunidad de Wynnefield, Pensilvania. Con el tiempo construyeron una iglesia enorme.

Las personas diferentes tienen necesidades diferentes

Anteriormente dijimos que los verdaderos ganadores consiguen el éxito al averiguar y luego satisfacer las necesidades de otros. Zig Ziglar, consultor de muchas compañías de mercadeo lo expresa en términos aún más vigorosos: "Usted puede conseguir todo lo que se proponga en la vida si simplemente ayuda a otras personas a conseguir lo que ellas desean." No obstante, es muy fácil cometer el error fatal de asumir que las otras personas tienen necesidades idénticas a las de uno o que uno puede predecir sus necesidades antes de escucharlos o preguntarles. Un profesor de negocios comentó sobre el trato desconsiderado que recibió de su supervisor. El supervisor lo llamó y le explicó que no iban a estar en condiciones de aumentar su salario pero que lo que ellos iban a hacer era asignarle la dirección y reducir sus horas de enseñanza.

El profesor afirmó: "Lo dijo como si fuera la gran cosa. Pero lo que él no sabía era que yo no tenía necesidad de organización. Me gusta vivir en un mundo de caos relativo. Así es como puedo hacer bien mi trabajo. No me gusta saber qué es lo que va a pasar en el futuro. De modo que la dirección, que aparentemente significa la gran cosa para él, no lo significaba para mí. En realidad era un estorbo. Y en cuanto a reducir mi número de horas, si él se hubiera tomado la molestia de conocerme, se hubiera dado cuenta de que amo enseñar y que hubiera estado dispuesto a pagar por tener el privilegio de hacerlo. Tal vez si él me hubiera hablado de hacer algunos sacrificios por el departamento y me hubiera desafiado a asumir una carga mayor; probablemente hubiese respondido de inmediato. Si tan solo se hubiera tomado la molestia de averiguar un poco más acerca de mí, hubiera tenido éxito al motivarme."

Creencias

Por otra parte, si nosotros deseamos individualizar nuestro liderazgo también debemos averiguar lo que la persona cree. Al supervisar a los terapeutas más jóvenes y al hablar sobre las situaciones de sus pacientes, descubro con frecuencia que éstos prestan muy poca atención a sus sistemas de creencias. Supongo que en la universidad se les ha enseñado a estar alejados de consideraciones teológicas. Pero es un error pensar que el buen terapeuta debe pasar toda la consulta hablando de "sentimientos" y que nunca debe considerar las creencias, como si las dos cosas fueran separadas. La mayor parte de la vida emocional de una persona se origina de las convicciones que tenga sobre su existencia. Y como lo dice el señor M. Scott Peck, hay personas que dicen que no tienen religión pero tienen convicciones muy definidas respecto al mundo. Por ejemplo, si una persona concibe el mundo bajo la filosofía de que el más fuerte sobrevive, el terapeuta, o alguien que intente motivar a esa persona, debe saberlo. Si, por otra parte, el paciente es un pacifista, no querríamos utilizar una instrucción que haga referencia a la guerra para intentar motivarlo.

Muchos pacientes se sienten confundidos en cuanto a creencias cuando se les pregunta por ellas. Suelen decir con impaciencia: "Esa es la razón por la que vengo a terapias. No tengo ni idea en qué es lo que creo." A este tipo de pacientes les asigno una pequeña tarea antes de nuestra próxima cita. Les pido que escriban al menos 20 cosas de las cuales están seguros. Los temas no tienen que ser de trascendencia mundial, simplemente asuntos de los cuales están seguros, o cosas que amen u odien.

En una ocasión un ingeniero dijo en su primera visita que ni siquiera sabía si algo andaba mal en él o no, pero que a veces sentía la necesidad de llorar y que a veces dormía durante todo el fin de semana. Él había crecido en un hogar ortodoxo cristiano, luego se rebeló y ahora se autoproclamaba agnóstico. Decía: "Todo parece tan relativo. La moralidad ha cambiado. Las normas han cambiado y siento que dudo de todo y que no creo en nada."

Tal vez él pensó que yo le iba a dar un sermón sobre regresar a su fe. Pero en cambio, le pedí que regresara a su casa e hiciera una lista de las cosas en las cuales creía. Le dije: "Si no se siente seguro de algunas creencias religiosas, déjalas a un lado por ahora y concéntrese en lo que sí cree." Cuando regresó la siguiente semana traía consigo un cuaderno y se había desvanecido de sus ojos aquella mirada perdida. Se sentía un poco abochornado porque la lista era un mosaico de cosas. El cuaderno tenía declaraciones como las siguientes:

- Los animales merecen ser tratados con bondad.
- Yo me siento más feliz cuando vivo cerca del mar.
- El sexo es fabuloso.
- Es muy importante decir la verdad.
- El trabajo bien hecho es algo excelente mientras que el trabajo descuidado causa problemas.
- Amo a mis hijos más que a nadie en el mundo.
- El odio siempre está mal y el amor siempre está bien.

- La bondad demostrada hacia alguien con dificultades siempre es absolutamente admirable.

El ingeniero entonces pasó a decir que se sentía mucho mejor, luego de una pequeña introspección y que había algunas cosas que consideraba creíbles, en las que podía confiar, aún cuando estuviese invadido de la duda. A medida que continuamos trabajando con él, la lista creció y muchas de las creencias que había descartado antes han vuelto a su lugar. De hecho regresó a la iglesia. Pero el punto que yo quiero enfatizar con lo anterior es este: Todo el mundo tiene un sistema de creencias, en algunos casos oculto en lo más recóndito de su ser, y hasta que no tengamos clara una idea de lo que son sus creencias, hasta que no sepamos qué es lo que la gente valora y lo que desea en la vida, no podemos esperar un plan exitoso para motivarlos.

Preguntas

Algunas personas agresivas parecen tener líneas salientes de comunicación. Inundan a la gente con datos, amonestaciones y discursos. No obstante los grandes maestros tienen también líneas entrantes de comunicación. Hacen preguntas y escuchan atentamente. A todos nos gusta la idea de ser buenos escuchas. No obstante, la realidad es que hablamos a una velocidad de entre 120 y 180 palabras por minuto y pensamos a una velocidad entre cuatro y cinco veces esa cifra. Así que, en muchos casos, nuestra atención se distrae y terminamos captando sólo la mitad de lo que la otra persona en realidad está diciendo.

En ocasiones es muy difícil escuchar sin hacer juicios. La doctora Barbara Shipley, psiquiatra de la Universidad de California, dice que es esencial demostrarle a la gente que aunque usted no apruebe su comportamiento, ellos son importantes para usted como personas. Considere lo que se logra con escuchar. "Cuando un adolescente llega a su casa a las tres de la mañana, no es fácil para los padres demostrar una disposición a escuchar. El impulso es gritar y decir: "No quiero saber qué fue lo que pasó." No obstante aquello ataca la dignidad de la persona. Pero si decidimos escuchar antes de juzgar, nos resultará mejor al final."

Podemos saber a dónde van si sabemos de dónde vienen

Para entender las causas de por qué las personas hacen lo que hacen también es necesario conocer sus antecedentes. Todos nosotros somos, como lo dijo Ulises: "una parte de lo que hemos vivido," y podemos decir mucho sobre nuestra gente si consideramos dónde han estado y como han sido sus antecedentes culturales. Cuando un director corporativo llama a mi oficina para solicitar un seminario y dice: "Tenemos problemas para motivar a nuestros empleados," puedo predecir antes de continuar que la empresa no conoce a sus empleados lo suficiente. En nueve de diez casos los gerentes asumen que su personal proviene de una cultura similar a la suya y que la misma clase de incentivos que han funcionado con ellos también deben funcionar con sus empleados. Pero eso es peligroso. La doctora Layne Longfellow dice que la mayoría de los que toman las decisiones en las empresas son el producto de la gran Depresión de los años treinta. Sus padres se preocupaban por cubrir las necesidades básicas, como alimento y abrigo, y esto moldeó poderosamente su sistema de valores. De modo que si se les pedía trabajar tiempo extra, solían aceptar, pensando que un poco de dinero extra vendría bien, y que había que cuidar el puesto de trabajo que tenían.

Pero cuando ahora hablamos a las nuevas generaciones de trabajar tiempo extra, dicen: "No gracias, hablamos otro día." Responden de esa manera porque sus necesidades simplemente son diferentes. Para ellos el trabajo es importante, pero también lo es el descanso. Y el trabajo es secundario a la calidad de vida. Si un trabajo no funciona, saben que hay muchas alternativas.

Existen también otras cosas sobre el pasado de estos trabajadores que los distinguen. A diferencia de los directivos más veteranos, las nuevas generaciones nacieron en un mundo donde la gente esperaba un holocausto nuclear durante su existencia. Crecieron con desilusión por los asesinatos de Kennedy y de King, quedaron confundidos por la guerra de Vietnam y el escándalo del Watergate. Así que, ¿por qué sacrificarse por tener una mejor vejez cuando tal vez ellos nunca lleguen a la vejez? Todos nuestros afanes y desvelos serán de poco provecho si no tenemos en cuenta las fuerzas que los moldean.

Las necesidades cambiantes

Además de considerar el pasado de las personas, también es importante reconocer que el sistema de sus necesidades está en constante cambio. Esto puede ser positivo o negativo, dependiendo del punto de vista de cada persona. Para muchos empleadores resulta molesto que al parecer las personas nunca están contentas con nada. En una oportunidad se le preguntó al líder sindical Samuel Gompers qué era lo que los sindicatos realmente querían y él contestó: "Voy a decirlo con una sola palabra: más." Algunos padres y directivos asumen que su grupo tiene una actitud similar. Un supervisor afirmaba: "No importa cuánto me esfuerce por tenerlos contentos, alguien va a quejarse. Y tan pronto como les resuelvo un problema, aparecen con otro."

No obstante, esa tendencia humana que le causa tanta frustración a tantos directivos es en realidad una gran ventaja. Si las personas no tuvieran necesidades, no tendrían mucho a lo cual aspirar. Es el descontento, los deseos no satisfechos y los impulsos de querer más, lo que hace que el motivador tenga un terreno de acción.

A medida que, como lo dijo Shakespeare, transitamos por el camino de la vida, nuestras lealtades y antipatías continúan cambiando. Lo que motiva a un niño este año, puede ser muy diferente de lo que lo motive el año próximo. George Bernard dijo: "Al único que parecen afectarle mis cambios es a mi sastre. Tiene que tomar nuevas medidas cada vez que lo visito. Todo lo demás continúa con las mismas medidas."

Individualizar su plan motivacional... ¿Injusto?

Parecería que individualizar las estrategias de liderazgo podría traer problemas. Si usted es más indulgente con alguien, ¿no causaría eso que algunos en su grupo le acusara de favoritismo y parcialidad? Eso es lo que de hecho ocurrirá si usted afloja en las reglas que ha establecido como reglas universales. No hay nada más improductivo que el jefe que intenta agradar a todos y que pasa por alto las normas en el intento. El favoritismo no funciona. Tampoco si uno intenta ser la "buena persona" que permite que la gente agresiva lo presione y si permite que los quejumbrosos se salgan con la suya.

Yo no estoy a favor del favoritismo. Más bien, estoy a favor de la atención personalizada. Si usted estudia a sus clientes, estudiantes o audiencias de forma cuidadosa y prepara sus presentaciones en consecuencia, esté será el enfoque más acertado a largo plazo.

El poder del conocimiento

Estudiar cuidadosamente a las personas que intentamos motivar presenta dos beneficios. En primer lugar, podemos reunir información para construir nuestro discurso motivador; y en segundo lugar, les hacemos un gran homenaje a las personas cuando dedicamos tiempo y energías para conocerlas. Sobre este segundo aspecto quiero centrar mi consideración.

Hace tiempo pasé algunos meses visitando estantes de librerías, leyendo cuanta información encontré acerca del éxtasis. El fenómeno de las experiencias máximas me intrigó muchísimo porque como terapeuta familiar quería entender qué hace que algunos matrimonios mantengan una relación romántica mientras que otros no. Al leer sobre lo que Freud llamó "experiencias oceánicas" descubrí que uno de los elementos que mantienen a las personas en estado de éxtasis, según se ha evidenciado a través de los siglos, es el explorar el conocimiento, lo que implica aprender sobre la solución a algún problema o aprender una nueva disciplina. Parece que existe mucha alegría en el simple acto de conocer.

Por lo tanto, no es casualidad que cuando el antiguo testamento se refiere al acto sexual, con frecuencia utiliza el verbo "conocer." Cuando se nos dice que Abrahán conoció a Sara, tiene una connotación de amor sexual, lo cual implica una plena compenetración y un envolverse pleno. Es, en otras palabras, conocer al otro de forma profunda. Y cuando consideré los matrimonios donde se mantiene el éxtasis, rápidamente me di cuenta que en esas relaciones los miembros de la pareja nunca han dejado de buscar conocerse el uno al otro. No asumen que porque han vivido juntos durante veinte años, saben qué es lo que el otro está pensando. Más bien, prestan atención cuidadosa el uno del otro. Notan los cambios de sus compañeros en aspectos como el gusto musical, los planes de vacaciones y las metas en la vida. También están conscientes de los cambios en cuanto a actividades de pareja en la intimidad y aprenden a satisfacer a su pareja en esos aspectos.

En una ocasión hablé con un gerente que había tenido una relación extramatrimonial. Este hombre dijo: "La vida en pareja nunca ha sido difícil. No obstante, parece como si a mi esposa no le interesara lo que me pasa. Yo he estado casado con ella durante 26 años, y creo que ella asume que soy el mismo muchacho con el que ella se casó hace 26 años. Apuesto a que ella no es capaz de mencionar siquiera un solo libro de los que he leído en el último año y creo que hay una docena de ellos rodando por la casa. Puedo sentarme en el estudio de mi casa a trabajar con el computador y ella nunca se asoma para ver qué está pasando. En este tiempo yo no espero tener un éxtasis pasional con mi esposa, pero, ¿es demasiado anhelar ser conocido y entendido, aunque sea un poco?"

Los deseos de este hombre son razonables. Pero, ¿se debe el problema a que el pollo se quema o los huevos se endurecen? ¿Dejó su esposa de penetrar su pensamiento porque no le interesa o porque alguna vez en el pasado se sintió rechazada y herida, concluyendo así que él ya no se interesaba por ella? ¿Estuvo él prestando atención a quién era ella, cuáles eran sus sueños, sus temores, o sus anhelos? Aquellas fueron algunas de las preguntas que exploramos juntos y en un momento él tomó una decisión recomendable. Sin importar quién hubiese tenido la culpa, decidió terminar su relación con la otra mujer con la que estaba y a reconstruir la relación con su esposa. Lo que sucedió después fue muy interesante. Se propuso explorar a su esposa como si se tratara de una nueva amante a quien hubiese conocido hace dos semanas. Los resultados se podían predecir. Ella ahora lo ve de forma diferente cuando llega a casa y su amor mutuo ha regresado.

El doctor Alan Alda, quien ha sido un esposo y padre exitoso dice: "El secreto de vivir juntos consiste en despertar su sensibilidad de formas muy específicas en relación con las personas con las cuales usted comparte su vida. Observe la ropa que se puso esa persona. Averigüe cómo le fue a su hijo en ese examen de ciencias. Vea si su hijo viste la misma ropa todos los días. Arlene y yo hemos valorado profundamente nuestro matrimonio, de modo que invertimos mucha energía en hacer que funcione."

El principio que hemos considerado en este capítulo, trátese de una relación de pareja o de un director corporativo en relación con sus empleados, es el de entender las necesidades de la otra persona. Algunos piensan que la buena dirección consiste en golpearse el pecho y decir: "Síganme, soy fuerte, yo sé más que ustedes." No obstante, el verdadero líder dice: "Háblame de ti." Saben que si escuchan lo suficiente, la gente les permitirá conocer cómo es que desea ser motivada.

CAPÍTULO CUATRO

UN COMPROMISO CON LA EXCELENCIA

"Mis padres me decían que la gente nunca sabrá cuánto implicó hacer algo. Lo que a ellos les interesa es que las cosas se hagan bien."
—Nancy Hanks

"El secreto mejor guardado en Norteamérica es que la gente está dispuesta a trabajar duro por algo en lo cual cree, en vez de estar dispuestos a mimarse a sí mismos en simple holgazanería."
—John W. Gardner

Hasta este punto he declarado que la mejor forma de descubrir triunfadores consiste en tratar a las personas de forma positiva, animadora, capitalizando sus dones e iniciando con sus necesidades y deseos presentes. Pero esto no implica que el motivador deba ser una persona blandengue. Por el contrario, la mayoría de los mejores motivadores son exigentes respecto a los estándares de la excelencia. Se aferran a sus valores con tenacidad y se esfuerzan por conformar un equipo de trabajo compuesto de personas que compartan los mismos ideales. Cuando se le preguntó a un respetado profesor de música cuál era el secreto del éxito con sus estudiantes, él dijo: "En primer lugar, les enseño que resulta mejor hacer las cosas bien que hacerlas mal. Aquello parece ser demasiado primitivo. No obstante, es sorprendente ver cuántas personas jamás han aprendido sobre el placer y el orgullo de establecer normas y vivir a la altura de ellas."

De modo que la regla número tres para descubrir triunfadores es:

Fije normas de excelencia elevadas.

Las mejores compañías toleran un elevado nivel de individualidad, no obstante, son buenas en implementar estándares exigentes. Así es, las empresas exitosas tienen un núcleo de valores que las distingue de las demás. En su libro maravilloso "En búsqueda de la excelencia", Thomas J. Peters y Robert H. Waterman Jr., concluyeron que el verdadero papel de un ejecutivo es el de administrar los valores de una organización. Escribieron: "Las compañías de excelencia, tienen muy bien definida su cultura. Tan fuerte es esa cultura que tú o te adaptas o dejas de ser parte de la organización. No hay medias tintas."

Lo curioso es que empresas diferentes con diferentes sistemas de cultura son igualmente exitosas. En *Hewlett Packard*, el valor corporativo más sobresaliente es la innovación, mientras que en *Procter & Gamble*, todo el mundo sabe que la calidad del producto es lo más importante. Un gerente que sea absolutamente exitoso en una compañía puede ser un completo fracaso en otra, pero ese no es el punto. Lo importante es que la organización fija un conjunto de normas y que los líderes deben adherirse estrictamente a ellas.

Esas mismas características distinguen a las familias de éxito. Familias diferentes pueden tener valores diferentes y, sin embargo, ser igualmente exitosas. No obstante, para ser una familia exitosa, debe haber algunos valores a los cuales se conforma la familia. Y para construir tal cultura, se requiere de un líder, con pensamiento claro y firme, no opresivo, de armas tomar, que tenga un credo inviolable y que espere un desempeño alto de todos los miembros de su grupo.

El interés implica exigencia

Conozco a una profesora de arte que dicta clases en cinco instituciones distintas, lo que implica tener cinco jefes diferentes. Ella explica: "Cada jefe tiene estilos diferentes de liderazgo. Por ejemplo, una de mis jefes se viste de forma muy elegante y dirige su organización de forma un poco distante. Ella es muy profesional y la escuela funciona muy bien. Otra jefe, que también tiene una buena escuela, es mucho más informal. La tercera es de provincia, es muy amigable e informal y le gusta jugar y asociarse estrechamente con los niños. Pero, ¿sabe cuál escuela es la más laxa? Es una en la cual el director trata de ser popular con todo el mundo. A veces dice a los profesores cosas tales como: "No se preocupen si no pueden venir al programa de esta noche. Sé que tienen que viajar mucho en su automóvil." Tal vez él piensa que la manera de tener éxito con la gente es ser relajado con ellos, pero esto tiene un efecto negativo. Todos los miembros de su personal están buscando un traslado."

Tal actitud laxa transmite el mensaje: "No vale la pena trabajar duro en esta institución." Esta es la misma razón por la cual el profesor informal y el jefe desordenado nunca se ganan el respeto. Obviamente no se interesan en la excelencia ni en las personas. Y aunque a veces nos quejamos de los profesores exigentes, cuando miramos en retrospectiva agradecemos su determinación por desarrollar nuestro potencial.

La necesidad de ser dirigidos

La política de un líder de dejar que las personas a su cargo asuman todas las decisiones, no funciona ni en el hogar, ni en el salón de clases, ni en la oficina. La mayoría de estudios demuestran que los padres que ejercen supervisión estrecha y que son estrictos con sus hijos, de forma amorosa, logran educar hijos más seguros. Es posible que los hijos se quejen de las reglas y en ocasiones tiendan a rebelarse, no obstante, se ha demostrado que estos niños crecen más seguros y con metas más realistas. Si usted se interesa por los miembros de su familia entonces se interesará por el éxito que puedan alcanzar y dedicará tiempo y energías para que ellos aprendan a hacer las cosas bien. Si usted es demasiado benevolente con sus hijos y les delega privilegios y dinero con mucha facilidad, es posible que ellos lo abracen y le digan que usted es genial. Pero ese abrazo realmente fue comprado y usted no es genial. Se sentirá mucho mejor cuando su hijo tenga 25 años y haya sido promovido en su trabajo y usted reciba ese abrazo con las palabras: "Gracias papá por haberme enseñado a trabajar."

Bill Honig, superintendente de las escuelas del estado de California dijo: "A los niños les gusta que les exijan. Los niños respetan el valor. Es como si dijeran: "Si usted no me hace hacerlo es porque no se interesa por mí." Al principio se quejan, luego lo hacen." La gente necesita ser dirigida. Hace poco el señor Robert S. Hughes, presidente de la junta directiva de la empresa con su mismo nombre, me dijo: "A medida que el tiempo pasa, más me doy cuenta de que los empleados necesitan más dirección de lo que yo antes pensaba." En mi práctica profesional atiendo a muchos pacientes en sus "veintes" que echan de menos que sus padres hubieran ejercido mayor liderazgo con ellos. Hace poco una mujer me dijo: "Lamento que mis padres no me hubieran dirigido más. Hay cosas que yo quisiera saber para desempeñarme mejor en el mundo adulto y sé que mis padres pudieron habérmelas enseñado. Tal vez, cuando crecía yo fingía saberlo todo y me comportaba como si no necesitara guía, pero realmente la necesitaba."

Los métodos para ejercer el liderazgo pueden variar considerablemente. No obstante, entre los motivadores de excelencia se encuentra la devoción al trabajo de calidad superior. Es algo que no se desvanece con los vientos de la moda.

Para convertirse en un líder hay que tener una fuerte motivación interna para lograrlo. Cuando Mario Cuomo estudiaba derecho, los profesores le decían que cambiara la vocal de su apellido para que este sonara mejor y así pudiera salir adelante en la vida. No obstante, Cuomo se rehusó a hacerlo, ya que se sentía profundamente orgulloso de su legado italiano. Cuando se postuló para la gobernación de Nueva York en 1982, su oponente Lewis Lehrman gastó 13.9 millones de dólares en su campaña, de los cuales 9.6 procedían de su fortuna personal. Comparé aquello con lo que Cuomo invirtió en su campaña, 4.8 millones de dólares. En ocasiones Cuomo estuvo convencido de que iba a perder las elecciones. Una noche, casi para terminar la campaña, cansado y deprimido, se dispuso a escribir en su diario. Mientras buscaba un lápiz en su escritorio se encontró con una tarjeta de presentación de su padre. Ésta decía: "Andrea Cuomo, víveres italo-americanos. Productos importados de calidad." En ese momento Mario empezó a pensar en su padre. Cuando éste llegó a Norteamérica no sabía hablar inglés y empezó a trabajar cavando trincheras para instalar tuberías. Con el tiempo adquirió una tienda de víveres, de la cual, a través de muchas luchas, la familia se sostuvo durante años. Después de mirar la tarjeta, Cuomo escribió en su diario aquella noche:

"No podía imaginar lo que papá habría dicho si le dijera que estaba cansado, o Dios me perdone, desanimado..."

En ese momento vino a su mente una escena. "Nos habíamos trasladado a Hollywood justo detrás de la tienda. Teníamos nuestra primera casa. Hasta había un jardín y árboles a su alrededor con un pino de unos nueve metros.

Menos de una semana después de habernos mudado hubo una tormenta terrible. Cuando regresamos de la tienda, aquella noche, encontramos el pino caído pendiendo únicamente de su raíz para no tocar tierra. Su copa se doblaba y casi tocaba el asfalto de la calle. Cuando vimos al árbol caído, nuestros corazones se derritieron. Pero no el de papá.

Tal vez papá medía 1.60 m y su peso era unos 70 kilogramos, pero era más fuerte que mis hermanos y mamá juntos.

Permanecimos en la calle mirando el árbol. La lluvia continuaba cayendo. Estuvimos como dos minutos entendiendo la escena cuando mi papá exclamó: 'OK, ¡Vamos a levantarlo!' ¿De qué estás hablando papá? ¡Las raíces están por fuera del piso!

'¡Silencio! Vamos a levantarlo. El árbol va a crecer de nuevo'.

No supimos qué decirle a papá en ese momento. No podíamos decirle que no; no porque fuéramos sus hijos sino porque se mostró muy seguro de poder hacerlo.

De modo que le seguimos hasta la casa y conseguimos esa cuerda larga con la cual sujetamos al árbol por la punta. De modo que papá se apalancó en la casa y Frankie, mi hermano y yo, tirábamos de la cuerda por el lado del árbol bajo la lluvia. Al poco tiempo el árbol estuvo de nuevo en pie.

Con la lluvia aún cayendo, papá cavó en el lugar donde las raíces se habían salido, hasta que el árbol descansó en un lugar seguro. Después cubrió de tierra las raíces y apostó unas rocas en la base del árbol para sostenerlo en su lugar. Papá clavó unas estacas en el suelo, amarró el tronco a las estacas y después de dos horas de trabajo dijo: 'No se preocupen, el árbol va a crecer de nuevo.'

Yo miré la tarjeta de mi papá en el escritorio y quería llorar. Si usted conduce frente a mi casa hoy, podrá ver al pino grande y esplendoroso, tal vez de unos 15 metros, apuntando directo al cielo, ocultando que alguna vez su copa besó el asfalto.

Yo volví a poner la tarjeta de papá en el cajón y lo cerré con fuerza. No podía esperar a regresar a mi campaña con más fuerza que nunca."

Cuomo ganó las elecciones de 1982 con 180.386 votos, en buena medida porque su determinación venció lo que parecían obstáculos insuperables. Tal determinación no nace de la nada. En este caso provino de un padre inmigrante, con un vivo deseo de salir adelante, lo cual transmitió a sus hijos, dándole instrucción acertada a su familia.

El arte de la corrección

Si hemos de hacer las normas elevadas se requerirá de nuestra parte que en ocasiones le digamos a la gente que no se han cumplido esas normas. En su libro *One Minute Manager* (Gerente en un minuto) Kenneth Blanchard y Spencer Johnson, abogan por dar "correcciones de un minuto".

Una de las debilidades más evidentes en un padre o en un gerente es no estar en capacidad de decirle a su gente cuando ha fallado. He aquí algunas sugerencias para tener en cuenta al respecto:

1. Hágalo sin demora.
2. Antes de continuar, asegúrese de los hechos.

   Asegúrese de que la información que usted tiene es la correcta.
3. Sea específico en indicar qué fue lo que estuvo mal. Corrija el mal comportamiento. No cuestione los motivos.
4. Demuestre sus sentimientos: ira, molestia y frustración.

Tal vez algunos de nosotros discrepemos de Blanchard y Johnson sobre la cantidad de tiempo en la que es necesario administrar la corrección. La mayoría de los empleados e hijos necesitan más de sesenta segundos para considerar el asunto. Pero el punto todavía es correcto. Nunca estaremos en condiciones de dirigir y de motivar si demostramos miedo para corregir a quienes se equivocan. Es posible que provoquemos la ira de algunos y puede que hasta nos consideren duros. Pero lo que en realidad sucederá es que demostraremos que no estamos dispuestos a tolerar la incompetencia.

El doctor Rather afirmaba que: "El sueño comienza con un profesor que cree en nosotros y que nos lleva a nuestro próximo nivel, a veces conduciéndonos con un cayado puntudo llamado "verdad".

Cuando los motivadores no son populares

Si usted administra corrección es posible que la otra persona pase por un mal momento. Para ser un líder inspirador, no tiene por qué ser el más astuto o el más trabajador de su grupo. Lo que sí se requiere es que sea firme; firme en su compromiso con la excelencia, aunque eso en ocasiones lo haga impopular. El liderazgo no implica ganar concursos de popularidad. James Schorr de *Holliday Inn*, dijo lo siguiente: "Algunas de las personas más talentosas son un fracaso como líderes. Esto se debe a su enfermiza necesidad de ser amados por todo el mundo." Por otra parte, la filosofía del entrenador Lombardi era esta: "Considero más importante tener la confianza de los jugadores que tener su aprecio." Y el psicólogo infantil Haim Ginott pensaba que: "Un buen padre debe querer a sus hijos. Pero no debe manifestar la urgente necesidad de ser querido por ellos cada instante del día."

Maneje la indisciplina con ingenuidad

Uno de los mejores motivadores de todos los tiempos ha sido Anne Sullivan, la maestra que rescató a Helen Keller de su mundo de silencio y oscuridad. Cuando la señorita Sullivan llegó a Tuscumbia, Alabama, encontró a un ser muy indisciplinado. Por esa época, algunas personas le habían dicho a la madre de Helen que su hija era una retrasada, que su mente, ligada a la oscuridad, estaba gobernada por los impulsos instintivos de su cuerpo. Un día, mientras estaban en el surtidor de agua, Anne Sullivan notó que Helen se sorprendía al contacto con el chorro de agua. Con su dedo Anne escribió en la mano de Hellen la palabra w-a-t-e-r. Más tarde Helen escribiría: "Aquella fue mi primera felicidad desde cuando quedé enferma. Cada día buscaba con anhelo la mano de Anne, rogando que me enseñara nuevas palabras para identificar los objetos que me rodeaban. Chispazo a chispazo empezaron a fluir de una mano a la otra y de forma milagrosa creció el afecto."

La mayoría de las personas conocen la impactante historia de cómo, con la ayuda de la señorita Sullivan, Helen Keller se convirtió en una heroína internacional que marcó el camino a seguir para muchas personas discapacitadas. Pero no se habla mucho de cómo fue de exigente la señorita Sullivan con su estudiante durante aquellos años. La niña indómita no se convirtió inmediatamente en una persona sumisa y colaboradora, simplemente porque ahora podía comunicarse con la gente. La transformación se dio porque la señorita Sullivan mantuvo una rutina de disciplina con

Helen y exigió que su comportamiento fuera igual al de un niño sin impedimentos. Más tarde escribió Helen: "Tan pronto como aprendí suficiente vocabulario para distinguir entre lo bueno y lo malo, me castigaba cuando cometía un error. Pereza, desorden, falta de atención, auto justificación, eran faltas que corregía con ingenuidad, humor y suave sarcasmo."

El poder del desafío

La gente nunca se inspira si no se le pide que haga algo. La gente se inspira con el desafío. Charles de Gaulle, quién sabía muy bien lo que era motivar a un país, dijo: "El hombre de carácter encuentra un atractivo especial en la dificultad. Solamente cuando vence la dificultad puede alcanzar su potencial." De manera similar, William James, afirmaba: "La necesidad y la lucha son las que nos inspiran."

Cuando Jesús escogió a sus discípulos no lo hizo para pasar una vida de comodidades. Al contrario, los llamó para que cargaran su madero y le siguieran. Les explicó que el camino sería angosto y estrecho, y les anticipo que habrían de hacer sacrificios. ¿Por qué querría alguien unirse a un movimiento que implicara tal peligro y dificultad? Porque tales desafíos poseen un atractivo que es universal. Garibaldi reclutó un ejército con el que liberó a Italia, invitando a los que estuvieran dispuestos a soportar el frío, el hambre, la desnudez y la muerte. Cuando la madre Teresa de Calcuta aceptaba a una monja nueva en la orden de las Misioneras de la Caridad, no era tan gentil con ella, como muchos imaginarían. La regla era que al día siguiente ella debía ir a la casa de los moribundos e iniciar su trabajo. La hermana Bernard, una de las doce compañeras que iniciaron con la madre Teresa habla de los primeros días de la orden: "Era duro, y yo quería que fuera así, no quería que fuera fácil."

El atractivo de la causa

Tal liderazgo exigente, era el más motivante y el más exitoso. Esto se debe en parte a que la gente busca luchar por una causa. Sybil Ferguson, una ama de casa en la localidad de Rexburg, Idaho (población de unos 11.000 habitantes), descubrió una fórmula eficaz para bajar de peso. Sus conocidas empezaron a elogiarla por su nueva figura y empezaron a preguntarle cómo podían hacer lo mismo. El resultado fue el primer centro de dieta de Rexburg. Aquello ocurrió en 1970. Ahora hay más de 1900 centros de dieta alrededor del mundo, con un incremento anual de 90 millones de dólares. Casi todos los días se abre un nuevo centro. Sybil Ferguson y su esposo todavía dirigen la compañía desde Rexburg. ¿A qué le atribuyen el éxito de su compañía? Este se debe en parte al hecho de que desde el principio le dicen a la gente que ellos son más que simplemente una empresa. Más bien, son un movimiento, una causa. Una de las asistentes de la señora Ferguson dice: "La gente aquí se siente parte de una causa a la cual están todos dedicados, ayudar a la gente a vencer el problema del sobrepeso. Y esto lo consideran algo más que simplemente un trabajo."

Cuando se anunció que la versión número 23 de los juegos olímpicos sería celebrada en los Estados Unidos los pesimistas empezaron a predecir el desastre. En la mente de todo el mundo estaba fresca la noticia de los ataques terroristas en los juegos de Munich; también era conocido el desastre fiscal de los juegos de Montreal que dejaron al gobierno una deuda de un billón de dólares.

No obstante, los juegos en los Estados Unidos resultaron ser un éxito arrollador. Dicho éxito se debió en parte a Peter Ueberroth, el estratega que diseñó el triunfo con un superávit de 200 millones de dólares. Rober Ajemian escribió en la revista Time acerca de la mente de Peter: "Él tiene la facultad de convertir todo lo que toca en una causa. El tener metas difíciles de alcanzar que impliquen atravesar por dificultades es algo que lo inspira."

Ueberroth pronunció discurso tras discurso ante las 72.000 personas que participaron en el proyecto (la mitad de ellos voluntarios) en cuanto a cómo tendrían que escalar juntos una gran montaña. Este lenguaje les sonó sensiblero a algunos, pero no había duda en la mente de nadie que a Ueberroth le parecía que el desafío era similar a semejante hazaña. Tal sentido de compromiso con la causa pudo parecerle imperioso a aquellos cuya lealtad no era completa. Cierto día mientras estaba en la sede, se detuvo a conversar con unos trabajadores que almorzaban en la cafetería. La charla era normal hasta que una mujer habló de incremento en los salarios. Ueberroth, quien trabajaba como voluntario, respondió con desconcierto: "Tú no deberías trabajar aquí si no has entendido lo que estamos intentando hacer."

No hay sustituto para el poder motivador de una gran causa. Es una gran falacia de nuestra cultura que dice que seríamos más felices si estuviéramos menos ocupados o si no trabajáramos tan duro o si no dejaran tantas tareas en el colegio. Si tan solo pudiéramos relajarnos más y tomar más vacaciones. No obstante, el descanso tiene que ver muy poco con la felicidad. Al contrario, yo he encontrado que las personas más felices son aquellas que tienen una causa por la cual luchar y se esfuerzan por alcanzarla con sentido de compromiso. Y el asunto es que muchas personas se sienten aburridas. Cuando a los estudiantes no les gusta el colegio con frecuencia es porque se exige poco de ellos. Cuando la gente odia su trabajo en raras ocasiones es porque su trabajo les exige mucho de sí, más bien, en la mayoría de los casos, es porque son trabajos aburridos y rutinarios. De modo que si en el horizonte aparece un líder, buscando estándares altos de desempeño y plantea un desafío y una causa, la mayoría estará dispuesta a seguirlo.

Expectativas realistas

Antes de concluir el tema de la excelencia y el compromiso debo agregar unas palabras de advertencia respecto a presionar a las personas para que alcancen las estrellas. Es posible que si exigimos demasiado, intimidemos a nuestro personal y hagamos que se den por vencidos. Nadie puede trabajar indefinidamente en un asunto sin experimentar alguna medida de éxito. David McClelland, psicólogo de la Universidad de Harvard, realizó una extensa investigación sobre lo que él llama la "motivación del logro." En su trabajo estableció que a la gente mejor motivada le gusta tener objetivos claros a la vista. No obstante, objetivos que sean alcanzables. Cuando se coloca un grupo de personas de negocios en un juego experimental con un manojo de anillos para ensartarlos en un clavo, algunos se hacen muy cerca y ensartan los anillos a una corta distancia. No obstante, pierden el interés rápidamente. Otros se hacen a más distancia, pero fallan en algunos intentos y se desaniman. Pero quienes a la postre resultan más exitosos en los negocios, se mantienen a una distancia lo suficientemente apropiada para hacer el juego interesante, pero no demasiado lejos, de modo que el acierto se haga imposible. McClelland ha aprendido que estas personas se mantienen constantemente motivadas y que se involucran en lo que él llama "retroalimentación del logro" lo que implica mantener un sentido continuo de satisfacción por lograr mantener la habilidad de alcanzar metas a corto plazo. En otras palabras, les gusta extender el límite de sus capacidades, pero a la vez disfrutan al conquistar el éxito menor, de forma continua. Aquí hay una lección importante que debe ser tenida en cuenta por todos los líderes y maestros: al buscar la excelencia debemos ser cuidadosos de establecer metas que sean tanto retadoras como realistas. Y debemos establecer una progresión de objetivos, de modo que nuestro personal pueda disfrutar de la retroalimentación que proviene del éxito en forma regular.

El entrenador de pista Dean Cromwell afirmaba que: "El optimismo ayuda cuando es convincente, así que apunte a un objetivo razonable. Yo animo a un niño a llegar de sexto si veo que no puede hacer más. Si su amigo es asistente de quien reparte los tintos, no le diga que puede ser el presidente de la compañía mañana. Si no le cree a usted, no hará ningún esfuerzo por superarse. Anímelo a trabajar duro por ser quien reparte los tintos. Si su hijo obtuvo una D en el examen de historia, dígale que lo reta a obtener una C en el próximo."

En el próximo capítulo veremos algunas sugerencias respecto a cómo hacer frente al fracaso de las personas que usted dirige.

CAPÍTULO CINCO

CÓMO ENFRENTAR EL FRACASO

"El principal trabajo del educador es enseñar a las personas a enfrentar la derrota."

—Charles F. Kettering

A finales de mayo de 1940, el ejército inglés enfrentó en las costas de Dunkirt lo que pudo ser su derrota más ignominiosa. Las fuerzas alemanas habían acorralado a las fuerzas británicas que se hallaban mal equipadas y mal entrenadas. Hitler estaba a punto de extender la soga sobre su cuello. La única salida era el mar. Pero la ventaja de ser marineros vino a su rescate. La evacuación en Dunkirt fue liderada por la infantería de marina. No obstante, todo aquel que tenía un navío se unió a la operación. Botes pesqueros, botes de pasajeros, remolcadores, yates, botes turísticos, hasta viejos botes de vapor que se utilizaban en el Támesis, y lanchas de todo tipo, se unieron a la armada para darle una mano a su ejército asediado por la maquinaria de Hitler. Las aguas de la bahía de Dunkirt parecían un infierno ardiente. Pero una y otra vez los pequeños botes venían y rescataban grupos y grupos de soldados.

Un tercio de ese ejército murió, pero la mayoría de ellos se salvó. Y el ánimo de los soldados permaneció intacto. A. L Rowse relata cómo se veía a las tropas regresar: "Los recuerdo cuando regresaron del canal y pasaron por los puertos y las estaciones de trenes. Los civiles les traían alimento y cigarrillos. Estaban ennegrecidos, sucios, sin armas, pero en ningún momento desanimados por lo ocurrido."

Todo su equipo había tenido que ser abandonado en Francia, artillería, metralletas, carros de guerra y miles de rifles. Tomaría años re entrenar y equipar un ejército capaz de volver a Europa. En el informe que Churchill presentó a la nación esa semana, no se refirió a Dunkirk con ningún apelativo de victoria, pero dijo: "Debemos avanzar adelante hacia el fin. Debemos luchar en Francia. Debemos luchar en los mares y en los océanos. Debemos defender nuestra isla, cualquiera que sea el costo. Debemos luchar en las playas. Debemos luchar en los terrenos de aterrizaje. Debemos luchar en los campos y en las calles... nunca debemos rendirnos."

Quienquiera que desee ser un buen líder debe aprender el arte de ayudar a su gente a reavivar sus propósitos después de un incidente de derrota. De hecho, puede afirmarse que nadie podrá ser un motivador eficaz si no sabe ayudar a su gente a enfrentar los episodios de derrota.

La forma en que las diferentes personas reaccionan al fracaso puede convertirse en un rompecabezas. ¿Qué hace que algunos que salen a navegar por el mundo con gran compromiso, respaldados por una buena trayectoria, se den por vencidos después de tan solo una derrota? Incapaces de levantarse del fracaso renuncian a sus sueños y viven una vida de resignación y mediocridad. Por otra parte, ¿qué hace que algunos sean capaces de renovarse indefinidamente? El fracaso parece fortalecerlos para vencer y cuando tropiezan, se levantan, aprenden de sus errores, y finalizan la carrera con distinción.

Si los líderes pueden enseñar a su gente a manejar el fracaso con creatividad, será la contribución más grande que podrán hacer. De modo que la regla número cuatro para descubrir triunfadores es esta:

Cree un entorno donde el fracaso no sea un asunto fatal

En una ocasión hablé con una mujer que tenía amplia experiencia en la política y que había observado a los grandes y a los no tan grandes. Ella dijo: "¿Sabe qué separa a los que logran el éxito de los que pertenecen a las grandes masas? Por un tiempo pensé que era empuje, inteligencia, contactos. Pero mientras más observaba a las personas, descubrí que, paradójicamente es la habilidad para hacer frente al fracaso lo que hace que al final alcancen el éxito."

Esa lección la aprendió temprano en la vida una mujer de raza negra que hizo su debut en el Town Hall de la ciudad de Nueva York. Ella no estaba lista para presentarse en el Town Hall, tanto por experiencia como por madurez. Los críticos la despellejaron. Así que regresó a su casa en Filadelfia muy afligida. Los miembros de su iglesia la habían apoyado en su carrera con sus contribuciones a las que habían llamado "El fondo para el futuro de Marian Anderson," pero después del fracaso en Nueva York no tuvo el valor de volver a ver a sus antiguos amigos y profesores.

La depresión y la vergüenza de la cantante le duraron durante más de un año. Con todo, la madre de Marian Anderson no se dio por vencida. Continuaba animándola, diciéndole que el fracaso sólo es temporal y tratando de convencerla de que aún tenía un don. Fue así como una tarde sus consejos dieron resultado. Le dijo: "Marian, la gracia debe venir antes de la grandeza. ¿Por qué no te preocupas menos en el fracaso y mejor oras mucho sobre él?" Mirando en retrospectiva, la gran vocalista (quien ayudó a otros cantantes a sobrellevar la desdicha de una primera derrota) dijo: "Lo que sea está en mi voz. La fe la he puesto allí. La fe y las palabras de mi madre: 'La gracia debe venir antes de la grandeza.'"

Se requiere de una madre sabia, y de un líder sabio que enseñe a su gente con valor a aprender de sus errores y a evitar darse por vencido. Algunos ejecutivos andan despidiendo empleados que tropiezan porque no pueden tolerar el fracaso. Sin embargo, los mejores jefes son quienes esperan que su personal cometa errores y en vez de andar reemplazando a sus colaboradores, reconocen que es más eficaz enseñar a la gente a hacer frente a sus fracasos y a aprender de sus errores. En otras palabras no son tanto jueces y ejecutores sino entrenadores y maestros que saben que cuando la gente cae, aquello es una de las intersecciones más importantes para el trabajo de motivación. Si pueden inspirar perseverancia y tenacidad, y están en capacidad de ayudar a otros a aprender de sus errores, estarán rindiendo un gran servicio y al mismo tiempo construyendo una organización de nivel superior.

Cuando se le preguntó a Charles Knight, presidente de Emerson Electric, cuáles eran las características de un buen gerente, contestó: "Necesitas desarrollar la habilidad de enfrentar el fracaso. Me sorprende el número de organizaciones que establecen un entorno donde no permiten a su gente equivocarse. Tú no puedes innovar a menos que estés dispuesto a aceptar algunos errores."

Cuando el motivador demuestra cómo asumir el fracaso con su propio ejemplo

Pero, ¿cómo transmitir tales actitudes a nuestro grupo? Una manera de hacerlo es a través de nuestro propio ejemplo. Algunas personas tienen la noción equivocada de que para liderar bien uno debe tener una cadena de éxitos acumulados. De modo que intentan ocultar sus fracasos. No obstante, tener la reputación de un gran jugador, que en ocasiones ha perdido algunas batallas, es probablemente más inspirador que cualquier otra cosa.

Tenemos que quitar de nuestras mentes la idea de que la gente exitosa nunca falla. Richard J. Needham afirmaba que: "La gente exitosa comete tantos errores horrorosos como la demás gente. La diferencia subyace en que los primeros admiten sus errores, se ríen y aprenden de ellos. Eso es lo que los hace fuertes."

Si usted desea convencer a su grupo de eso, la mejor manera es que ellos vean cómo enfrenta usted el fracaso. Esté seguro que la gente bajo su responsabilidad va a estar mirando muy de cerca la forma como usted reacciona cuando tropieza y cae. Si usted trata de ignorar la caída o pretender que no ocurrió, se hace cínico y abandona sus sueños por el fracaso, la lección también será una de pérdida para ellos.

Cómo ayudar a su gente a enfrentar el rechazo

Una de las ayudas motivacionales más importantes que un líder puede dar a su grupo es cuando alguno de sus miembros regresa luego de ser rechazado. Esto también puede ocurrir en el hogar cuando un hijo regresa luego de haber perdido una elección estudiantil. También ocurre cuando en un matrimonio uno de los cónyuges pierde una promoción importante. Y también ocurre cuando un vendedor entra a la oficina después de un mes de resultados poco alentadores.

El líder sabio hace todo lo posible por recargar las baterías de quienes han estado en la primera línea de batalla y regresan en condición lamentable. Tom Kegan, quien escaló posiciones hasta convertirse en gerente de ventas de una compañía de alfombras, dijo: "Yo estuve en el camino por años, y ahora que soy gerente estoy resuelto a no olvidar lo solitario que se siente uno allá afuera. Cuando uno viaja en su automóvil visitando a los clientes y éstos le dicen que sus precios están demasiado altos y la compañía está presionando, lo último que usted desea es que su jefe se ponga en contra suya. Usted tiene que sentir que la compañía está de su lado."

Lo mismo es igualmente cierto en la familia. El hogar debe ser un refugio donde usted puede recibir curación a las heridas y donde la gente lo acepte, no importa cuanto haya tropezado allá afuera. Al saber que cuenta con tal refugio una persona puede soportar por un buen tiempo una temporada difícil en el trabajo.

El concepto de refugio, como todas las demás cosas buenas, puede ser utilizado de forma incorrecta con un empleado o un niño cuando se le protege exageradamente de sus fracasos. Así la persona se vuelve extremadamente vulnerable y termina echándole la culpa siempre a las condiciones externas. El doctor Robert N. McMurray, psicólogo consultor, entrevistó a 220 hombres capacitados, con una inteligencia superior al promedio y aparentemente bien entrenados pero que no podían permanecer en un trabajo, ni tampoco podían sostener una relación por largo tiempo. Él los catalogó como "fracasados a término medio" y descubrió que el problema principal era que no podían enfrentar sus propias faltas. Durante la niñez, sus padres los habían protegido de las consecuencias de sus propios errores. Cuando no les iba bien en el colegio, se le echaba la culpa de ello a sus maestros. Cuando no les iba bien en el trabajo, eran las políticas de la empresa. Thomas Carlyle llamó a esto la más grande de todas las fallas: no responsabilizarse de nada.

Cómo corregir los errores sin eclipsar el entusiasmo

¿Cuál es entonces el equilibrio entre fijar normas altas y alentar a los seguidores cuando no alcanzan las metas? Los padres y los gerentes enfrentan el mismo problema: ¿Cómo esperar desempeños excelentes y aún así tolerar el fracaso? El error colosal que algunos cometen es atacar severamente a las personas por cometer pequeñas faltas pues esto logra eclipsar las aspiraciones a los grandes sueños. Séneca dijo en una ocasión: "Admira a quienes intentan hacer grandes cosas, aún cuando fracasen." Theodore Roosevelt afirmó también que: "El único hombre que no comete un error es aquel que no intenta hacer nada." Es probable que necesitemos corregir a nuestro grupo si tienen algunos fracasos, pero si nunca los tienen, lo más probable es que no estén intentando hacer las cosas lo suficientemente bien.

Jack Lemmon en una ocasión comentó: "El fracaso nunca hirió a nadie. Es el temor al fracaso lo que mata. Eso es lo que mata a muchos artistas. Usted tendrá que ir al callejón y asumir el riesgo." Los motivadores eficientes cargan una maleta con trucos y utilizan los dispositivos que sean necesarios para ayudar a sus seguidores a enfrentar sus errores, aprender de ellos y continuar con perseverancia. Es posible que en ocasiones usted los vitoree y los persuada a correr una carrera más, cuando ellos piensen que no pueden dar un paso más. En otras ocasiones es posible que usted deba montarlos al caballo del cual se han caído, antes de que el temor se apodere de ellos. En otros casos será necesario reasignar deberes, de modo que experimenten alguna medida de éxito y los lazos de la derrota no formen un ciclo repetitivo. En otras palabras, el motivador sabe que el temor al fracaso puede destruir a un soñador con excelentes prospectos y que la lección más importante que ellos pueden aprender son simplemente las piedras que encontramos en el camino, las cuales bien utilizadas nos pueden servir de soporte para continuar adelante.

Imagine cuán fácil pudo haber sido para cierto hombre joven inclinar la cabeza y darse por vencido. Fracasó en los negocios en el año 31. Fue derrotado en la legislatura en el 32. No obstante fue elegido para la legislatura en el 34, su novia murió en el 35. Tuvo una depresión nerviosa en el 36, fue derrotado como orador en el 38. Fue derrotado como elector en el 40. Fue derrotado para el congreso en el 43, pero fue elegido para éste en el 46. Fue derrotado para el congreso en el 48 y para el senado en el 50. Fue derrotado para vicepresidente en el 56 y para el senado en el 58. Pero afortunadamente fue elegido presidente en 1860. Su nombre: Abraham Lincoln.

¿Dónde aprendió Lincoln tal tenacidad y habilidad para no dejarse vencer por el fracaso? Mucho de aquello provino de su interior, por supuesto, un carácter al cual Sandburg llamó "una combinación de terciopelo y acero". Pero también perseveró porque algunas personas creyeron en él y lo animaron cuando lo vieron decaído. Le enseñaron que la derrota no era permanente y lo estimularon a seguir adelante. Tal vez otros Lincoln nacieron en la frontera oeste durante ese siglo, pero por la carencia de sus maestros y amigos ahora yacen en las oscuras tumbas del olvido.

CAPÍTULO SEIS

CÓMO CULTIVAR EL DESEO DE HACER LO MEJOR DESDE EL INTERIOR

"He descubierto que la mejor forma de darle consejo a los niños es averiguar qué es lo que desean hacer y entonces darles consejo sobre ello."
—Albert Schweitzer

En una ocasión John Lubbock señaló que lo más importante no era enseñar muchos datos a los niños, sino enseñarles a tener el deseo de aprender. Nunca he conocido a un profesor que opine lo contrario, pero he aquí la dificultad, ¿cómo implantamos ese deseo de aprender? Ésa es quizás la pregunta más frecuente cuando los educadores se reúnen y hablan sobre la motivación. ¿Cómo podemos estimular la motivación interna en vez de tener que depender de la motivación externa?

Ese mismo problema de la motivación interna versus la motivación externa lo enfrentan los supervisores en todas las esferas. Y puesto que no podemos estar con las personas todo el tiempo, podemos utilizar todos los trucos de nuestra maleta tales como incentivos, amenazas, consejos y demás. La prueba definitiva de nuestro poder para motivar será cuán bien se desempeñan ellos cuando nosotros no estamos a su lado.

La señora Cherry Henricks, diseñadora de interiores y empresaria altamente exitosa, cuyas oficinas se han tenido que ampliar tres veces durante los últimos tres años, me ayudó a contestar la pregunta planteada anteriormente. Cuando le pregunté a ella qué pensaba de la motivación, si esta provenía del interior o si debía provenir de otras personas, contestó: "Obviamente implica ambas cosas. Para la inspiración yo dependo considerablemente de mis compañeros, pero creo que puedo motivarme a mí misma suficientemente bien, con una técnica muy sencilla. Establezco mis metas, las registro en un papel y hago que estas sean muy, muy específicas, lo que me permite mantenerme en el camino."

Mientras más pienso en los comentarios de Henricks, más me doy cuenta lo acertados que son. La motivación interna puede ser desarrollada cuando se estimula a la gente a explorar dentro de sí para descubrir cuáles son las metas y sueños que desea realizar. Una vez hecho esto podemos ayudarles a establecer un plan de acción. Algunas personas tienen la idea de que los mejores motivadores son personas simplistas con una capacidad de convencer impresionante, quienes por la fuerza de su personalidad, pueden atraer a muchos seguidores tras su proyecto. Imaginan que tales hombres van a su trabajo y sus subordinados son persuadidos y engatusados para subirse en su tren. No obstante, el motivador inteligente sabe que la gente tiene ciertas creencias y principios con los cuales ya están comprometidos y ciertos objetivos que quieren alcanzar; en otras palabras, que ya están montados en un tren.

Lo que yo recomiendo aquí es muy diferente al enfoque desacertado: "Tienes que plantar tu idea en la cabeza de ellos y convencerlos de que esa es la idea de ellos." Lo anterior es un tipo de manipulación que con el tiempo fracasa y que debe ser evitada a toda costa. Por otra parte, si pescamos lo suficientemente bien, hallaremos ideas que provienen de las demás personas, las cuales podremos apoyar con legitimidad.

De modo que la regla número cinco para descubrir triunfadores es:

Si otros van cerca del lugar adonde usted va, aproveche la oportunidad y acepte el aventón

Cuando uno considera el caso de ciertas familias famosas es sorprendente el hecho de que algunos niños resultan ser más exitosos que otros. ¿Por qué, por ejemplo, sobresalieron los hijos de Joseph Kennedy y no los hijos de Franklin Roosevelt? Con seguridad que Roosevelt entendía muy bien el uso del poder así como también era el caso de Kennedy. Pero parte de la respuesta a la pregunta puede encontrarse en la observación que hizo Franklin Roosevelt junior respecto a que si deseaba hablar con su padre necesitaba pedir una cita. Cierto día, cuando el muchacho tuvo un problema que lo apremiaba, su padre lo escuchó mientras continuaba trabajando en su escritorio. Cuando el joven terminó de hablar, su padre le dijo con tono distraído: "Me alegra que hayas venido." En ese momento terminó la entrevista. Aquello contrasta con el interés manifiesto de Joe Kennedy en sus hijos. La lealtad de Kennedy para apoyar a sus hijos era incondicional. Él decía: "Mis negocios son mi familia y mi familia son mis negocios." En una ocasión, John F. Kennedy le dijo a Steve Smith: "Cuando yo estaba intentando conformar mi equipo de natación en mi primer año de universidad, mi padre siempre estuvo allí. Él siempre estuvo allí. E hizo lo mismo con todos sus hijos."

Un padre que anima a sus hijos a alcanzar tantas metas como les sea posible y que se monta en los vagones de sus hijos, puede hacer la gran diferencia en la vida de ellos.

Inspirando el cambio

En este libro consideramos lo que realmente constituye una tarea difícil: como ayudar a la gente a cambiar. La mayoría es muy suspicaz si tratamos de entrar en sus vidas con el propósito de cambiarles. La mayoría de los reformadores tienen cierto aire de superioridad. Creen que conocen la manera en que sus hijos y empleados tienen que pulirse. Es por eso que, con frecuencia, este tipo de reformadores son rechazados.

El otro extremo es no tener una aspiración de cambiar a la gente y tomar todo de una manera muy relajada "aceptando" a todo el mundo tal como es. Muchos psicoterapeutas, por ejemplo, dicen que no desean reformar a sus pacientes y afirman no juzgar a nadie. Son permisivos en su acercamiento a los pacientes. Sin embargo, tal enfoque no es realista. Cuando estos terapeutas intercambian opiniones profesionales con sus colegas suelen tener ideas muy arraigadas en cuanto a cómo sus pacientes deben cambiar. Se encolerizan por el hombre que no deja la bebida, por la mujer que maltrata a sus hijos, o por el esposo que maltrata psicológicamente a su esposa.

Influenciar sin intimidar

La mayoría de nosotros quisiera cambiar a ese tipo de personas. ¿Pero como motivarlos al cambio sin manipularlos o forzarlos? Cómo ser un líder que ayude, que inspire y aun así deje que la gente sea libre? Estas no son preguntas fáciles de responder, y las analizaremos en otros contextos. Pero por ahora, déjenme ofrecer un modelo simple que es fruto de mi práctica de psicoterapia.

Si tratara de decidir cómo cada nuevo paciente necesita cambiar para ser feliz, me volvería loco. Sería como jugar a ser Dios. En lugar de eso, mi meta es mucho más modesta. Me veo primero a mí mismo como un clarificador, y cuando los pacientes entran en tratamiento deben asumir una gran carga de responsabilidad por su terapia. En las sesiones tempranas les pregunto:

- ¿Cómo le gustaría cambiar?
- ¿Qué necesitaría para ser feliz?
- ¿De qué manera quiere modificar su comportamiento?

En otras palabras, les estoy pidiendo que fijen las metas para nuestro trabajo juntos. Entonces, una vez comprendo sus objetivos, hago todo lo posible para que alcancen lo que se han propuesto. Un paciente podría, supongo, ponerse metas en las cuales sinceramente yo no podría ayudarlos. Pero eso nunca ha pasado. Las personas usualmente necesitan nuestra ayuda para determinar qué es lo que realmente quieren de la vida. Pero una vez que empiezan a articular sus metas, usualmente son muy similares a lo que yo hubiera sugerido.

Entonces me alegro de haber permanecido en silencio. Y ahora estamos caminando juntos. No estoy ahí como reformador, simplemente soy un ayudante en su propio plan de mejoramiento. Me he subido en su tren.

Los gerentes y los profesores no tienen la misma libertad de los psicoterapeutas para permitir que la gente fije sus propios objetivos. Hay máquinas que reparar, llamadas que hacer, o cosas que aprender, y si nuestros estudiantes y empleados tienen otras metas, nuestra responsabilidad es decirles que deben obedecer.

Cuando se sienta tentado a dar una respuesta áspera, recuerde la técnica usada por Paul "El Oso" Bryant, el entrenador que ganó 323 partidos de fútbol americano, muchos más que cualquier otro entrenador en la historia. Quizás no haya campo, con excepción del militar, donde a uno se le pida comprometer las metas personales más que en fútbol americano. Allí el entrenador tiene objetivos fijos, y la tarea del equipo es acoplarse a ellos. Así que en el comienzo de la temporada en Alabama, Bryant hacía que cada miembro de su grupo escribiera las metas que tenía para ese año, y solamente después de leerlas todas, Bryant diseñaba un cuerpo de objetivos para el equipo. Al preguntarles sus metas les estaba transmitiendo un mensaje triple: 1) ustedes y sus metas me interesan; 2) deberían estar pensando en lo que viene; 3) estamos construyendo un equipo en el cual todos esperamos que cada uno pueda alcanzar sus metas, y yo voy a incorporar en el plan general todas las formas posibles para que las alcancemos.

Una razón por la que algunos padres siempre están en desacuerdo con sus hijos es porque las metas de todos difieren. Esto siempre será parte del punto muerto de la relación entre padres e hijos, pero algunos padres empeoran las cosas al no seguir lo que hizo Bryant, ni siquiera investigan cuales son los sueños de sus hijos. Si tan solo se lo preguntaran, podrían descubrir proyectos que les encantaría ayudar a realizar. ¿Pueden los padres de veras ayudar considerablemente a desarrollar confianza? "Sí pueden", la doctora Stafford Peale comenta:

El secreto es este: mire atentamente donde residen las habilidades innatas del niño, entonces de manera delicada ayúdelo a potencializar tales áreas. Puede que resulte difícil para un padre que fue un atleta de primera, entender que su hijo prefiera jugar ajedrez en vez de fútbol americano. Así que es ajedrez y no fútbol que el niño necesita para que la confianza se desarrolle en él. Si hace una cosa bien, llegara a creer que puede hacer otras cosas bien.

No quiero ser malinterpretado en este asunto. No quiero decir que debemos ser líderes débiles que permitamos a otros poner las metas de nuestro grupo, lo que resultaría en que la organización fuera inestable y poco efectiva. La gente espera tener líderes fuertes con objetivos definidos. Bryant es un buen ejemplo de esta clase de líder. Pero los mejores entrenadores y los mejores gerentes también animan a tener metas personales y ayudan a su gente haciendo todo lo posible para que ellos también logren alcanzar sus metas.

El principio de la consistencia

Puede que haya otra razón por la cual Bryant y su equipo han puesto sus metas por escrito: Una vez que la gente se ha comprometido con sus objetivos, un número de influencias psicológicas comienzan a tener efecto para aumentar las posibilidades de alcanzar la meta. Muy en el fondo de nosotros, dirigiendo nuestras acciones en silencio, hay un deseo casi obsesivo de ser y llegar a ser consistente con lo que nos hemos propuesto. En todo grupo, las inconsistencias son condenadas y las consistencias valoradas. Esto es una verdad entre prisioneros y miembros de una misma iglesia. Cualquiera que cambia sus opiniones con facilidad es considerado un indeciso, alguien de voluntad débil y un cabeza de chorlito.

El doctor Leon Festinger, pionero en la investigación en esta área (conocida como la Teoría de la Disonancia Cognoscitiva), menciona que la disonancia interna, o el miedo a que seamos inconsistentes, tiene las mismas propiedades energizantes que el hambre o la frustración. Por lo tanto, una vez que asumimos una postura, es posible que tengamos que enfrentarnos a obstáculos gigantes para poder ser consecuentes con nuestra posición. Y ajustamos radicalmente nuestra manera de pensar para que sea consistente con nuestra elección. Tomemos por ejemplo a un hombre que es sexualmente fiel a su esposa. Usualmente tendrá fuertes convicciones acerca de la fidelidad marital. Uno por supuesto diría: "Claro, esa razón es la razón por la que es fiel, por sus convicciones." Pero no siempre es así. Observe lo que pasa si él empieza a engañarla. Comenzará a inventar toda clase de excusas para justificar su comportamiento. Parece que sus creencias han cambiado radicalmente, lo que nos muestra que usualmente nuestras actitudes siguen a nuestro comportamiento más que constituir la causa del mismo.

Los científicos sociales Jonathan Freedman y Scott Frasser comentaron los resultados de un increíble experimento en el cual un investigador, haciéndose pasar por un trabajador voluntario, fue de puerta en puerta en un barrio de California, pidiéndole a la gente algo absurdo. Les preguntaba si permitirían colocar frente a su casa una gigantesca y horrible pancarta con las palabras "Conduzca con cuidado". La gran mayoría de las personas, un 83%, no aceptó. Entonces los investigadores usaron un enfoque un poco diferente con otro grupo de persona y más de la mitad aceptó.

El fundamento para tal aceptación fue algo que había pasado con los amos de casa hacía dos semanas: habían hecho un pequeño compromiso para promover la seguridad vial. Un voluntario distinto había ido a sus puertas y les había preguntado si aceptarían un pequeño letrero que decía: "Sea un conductor cuidadoso". Era algo tan simple que casi la mayoría aceptó hacerlo. Pero los efectos del acuerdo fueron enormes, porque cuando el otro voluntario fue a preguntarles si permitirían poner la pancarta grande, la mayoría de ellos estaban listos para hacerlo.

Un cambio en nuestra propia percepción

¿Cómo se puede explicar esto? Podemos entenderlo un poco mejor al analizar la importancia de la imagen que uno tiene de sí mismo. Cuando la gente ve lo que hay en su interior, empieza a verse de manera diferente. Están observando su interior tal como los demás lo verían, y se ven como personas que se preocupan por la seguridad, gente que coopera con buenas causas. Entonces parece consistente con esto en el hecho de estar de acuerdo con la pancarta grande. Lo mismo pasa en el trabajo cuando alguien pone de manifiesto una creencia o un plan: canaliza una enorme cantidad de energía para vivir a la altura de lo expresado. Ahora es evidente por qué algunos grupos religiosos urgen a sus feligreses a dar testimonio público de su fe, y por qué los motivadores exitosos hacen lo que sea con tal de que la persona llegue a un estado donde tenga objetivos definidos y específicos. El entrenador en ventas Tom Hopkings menciona que la mejor manera de convencer a un hombre de algo que sabemos que es verdad no es envistiéndolo con los hechos hasta que los asimile o diciéndole lo estúpido que uno piensa que él es porque no admite lo correcto de nuestras afirmaciones. "El vendedor profesional opera bajo un concepto diferente", dice Hopkins, "Uno que es simple y efectivo". Es este: "Si yo lo digo, ellos pueden dudar de mí; si ellos lo dicen, es verdad".

Ahora bien, debemos evitar algunos peligros en este campo. En primer lugar, el principio de la consistencia se puede usar para manipular a la gente logrando que hagan cosas contrarias a sus intereses. Vendedores inescrupulosos o demagogos como Jim Jones han sido capaces de persuadir a la gente para hacer cosas descabelladas bajo el principio de la consistencia. Piden actos extremistas, en el nombre de la consistencia. Debemos tener cuidado de hacer un espacio en nuestras relaciones y permitir a la gente cambiar de idea o decir: "Hasta aquí llego yo."

Conceptos peligrosos acerca de uno mismo

Hay otra cosa con la que tenemos que ejercer precaución. Es muy peligroso dejar que la gente hable en público acerca de sus cosas negativas. Si un hombre se considera a sí mismo como alguien que sigue la filosofía: "Nunca me enojo, sólo me desquito", o si una chica piensa: "Soy malísima en matemáticas", debemos evitar situaciones donde ellos se aferren demasiado a esos conceptos. Si una chica le dice a todo el salón de clases que es "malísima en matemáticas", se está haciendo un gran daño. Ella hará lo que sea para probar que está en lo correcto. Y el hombre que piensa de sí mismo que es vengativo asumirá cada vez más ese papel para ser consecuente con lo que dice.

A.W. Combs escribió una frase que debería fijarse en los espejos de todos los padres y ejecutivos, para que la leyeran cinco veces todos los días antes de salir al trabajo. La frase es esta: "El mantenimiento y mejoramiento de lo que percibimos de nosotros mismos son los motivos detrás de nuestro comportamiento". Si los niños que vemos al desayuno o los empleados que saludamos llegando a la oficina se ven a sí mismos de forma negativa, entonces actuarán de forma consistente con la imagen que tienen. De modo que lo que se debe cambiar es más que un comportamiento exterior: debemos llegar a su propio concepto. Y especialmente con los adolescentes, el concepto de sí mismos puede estar muy deteriorado. El psicólogo especializado en niños James Dobson escribe: "He observado que la gran mayoría de los adolescentes entre 12 y 20 años de edad están amargamente decepcionados con lo que son y con lo que representan. En un mundo que adora las súper estrellas y los hombres milagrosos, se miran al espejo en busca de grandeza, sólo encontrando un caso de acné terminal."

La percepción negativa de los jóvenes debe ser tratada con negligencia benigna, y debemos acentuar cualquier percepción positiva de lo que ellos son. Cuando los estudiante piensan de sí mismos que son malos en matemáticas, lo que realmente quieren decir es que la última clase de matemáticas fue particularmente difícil, y nuestro trabajo es reforzar toda la evidencia de que son más dotados de lo que parece. Como escribe A. S. Hayakawa, hay una gran diferencia entre decir: "He fallado tres veces", y decir: "Soy un fracaso".

Lo que se logra con ser específico

No queremos únicamente que la gente haga públicas sus metas y sueños; también es deseable que sean muy específicos respecto a lo que quieren. El doctor Neil Clark Warren y yo hemos ofrecido ya por algunos años seminarios intensivos de un fin de semana en este asunto: "Autoestima y el descubrimiento de gozo." Durante el fin de semana le pedimos a los participantes que escriban, en un plazo de veinte minutos, la respuesta a la siguiente pregunta: "Si el dinero no fuera relevante y usted pudiera tener la clase de vida que quisiera, ¿qué haría?" Las respuestas que recibimos a veces son vagas, extrañas y no muy definidas. Es obvio que muchas de estas personas nunca se han dado la libertad de tener sueños concretos; y como resultado han alcanzado muy poca felicidad.

"Es mejor que sepas lo que quieres, porque probablemente lo conseguirás", dijo Dan Greenburg, y de hecho, es fascinante la manera en la cual nuestro éxito en la vida depende de nuestra propia habilidad de ponernos metas altas y específicas. Cuando se le preguntó al legendario industrial, Henry Kaiser, cuál era su filosofía para el éxito, dijo: "Decida qué es lo que más quiere en la vida. Ponga por escrito sus metas y planee como alcanzarlas."

Mientras más aconsejo a la gente, más me doy cuenta de que la mayoría de los casos están muy alejados del pensamiento de Kaiser respecto a este asunto. La gente va a la deriva y sus destinos están determinados en la mayor parte por los cambios repentinos de circunstancias. Como sucedía con el señor Micawber, siempre están esperando que algo aparezca, pero las cosas buenas usualmente no "aparecen", como no aparecieron para el señor Micawber.

Dicho de forma sencilla, el fijarse metas hace la diferencia. Hablé con un vendedor de finca raíz que ganaba alrededor de $40.000 dólares al año en comisiones. Entonces de un momento a otro subió a $95.000. Le pregunté por qué el cambio. Me dijo: "Es muy sencillo, mi esposa estuvo muy enferma y pasó mucho tiempo en el hospital este año, de modo que tuve que preparar un nuevo presupuesto para proveer el dinero que se necesitaba para su cuidado. Y eso fue lo que hice, luché por conseguir hasta el último centavo". Cuando nos ponemos un objetivo claro y concreto y determinamos el camino en el mapa para alcanzarlo, puede ocurrir una gran transformación.

El poder de los sueños

Un padre que conozco dice: "Mis padres nunca me hablaron de la universidad. De hecho, nunca me hablaron de las cosas por venir. Parecía como si sólo viviesen el presente. Mi hija tiene trece años. Pero siempre estamos hablando de la universidad a la que le gustaría asistir y en lo que le gustaría especializarse. Sé muy bien que es probable que ella cambie de decisión una docena de veces, pero eso no me preocupa. Lo importante es que ambos soñamos con el futuro."

Esa niña es muy afortunada de tener un padre que mira hacia el futuro, porque sin ninguna manipulación su padre la está estimulando a soñar. Algunos desinflan los sueños de la gente diciendo que no son realistas. Es muy inusual la persona que reconoce el valor de planear en grande y luchar por sus metas.

Los mejores líderes son más que simplemente optimistas (aún cuando los motivadores suelen ser personas que piensan en forma positiva), son futuristas. Así es, les encanta vivir en el futuro e instan a la gente a hacer lo mismo.

Gerencia a través del estímulo

En una ocasión Scudder N. Parker afirmó: "La gente llega a ser lo que usted la anime a ser, no lo que usted la sermonee que debería llegar a ser." Aquello constituye una necesidad humana básica, la necesidad de tener a alguien que nos anime y nos incite a alcanzar metas mayores. Uno de mis clientes, quien es un cirujano famoso, dice que cree en la "gerencia a través del estímulo." Él pasa a explicar lo que eso significa. "Cuando estudié mi bachillerato en Iowa, tenía a un entrenador de natación a quien recuerdo vívidamente. Siempre se mantenía lanzando frases de estímulo. Decía cosas como: "¡Vamos Johnson, lleva la delantera!" "¡Más rápido!" "¡Puedes hacerlo!" y aquello era lo que yo necesitaba. De hecho, creo que debo mucho de mi éxito a ese entrenador, porque cuando me encuentro en la sala de cirugía, todavía puedo escuchar sus frases de estímulo. De modo que yo también me he esforzado por impartir estímulo a mis colaboradores. Puede ser que en ocasiones les exija y espere resultado de ellos, pero lo que estoy haciendo básicamente es decir: "¡Vamos, tu puedes!""

En el año 1875 nació un niño enfermizo en la parte norte de Alsacia. Este niño leía y escribía con dificultad y su desempeño era pobre en la escuela. Pero a medida que iba creciendo aprendió a dominar materias complejas, como es el caso del idioma hebreo. En la música se convirtió prácticamente en un prodigio. A los ocho años ya tocaba el órgano aún cuando sus pies escasamente lograban tocar los pedales. A los nueve años reemplazó al organista principal de la iglesia. Su nombre era Albert Schweitzer, y todo el mundo sabe que siendo adulto joven ya dominaba varias profesiones. Obtuvo su primer doctorado en filosofía de la universidad de

Estrasburgo y obtuvo otros doctorados en teología y teoría musical. Al cumplir 30 años, y estando en la cumbre de su carrera como concertista, luego de publicar varios libros, hizo un alto en el camino, interrumpió su carrera y se dedicó a estudiar medicina. Dedicó el resto de su vida a vivir como misionero. Aquello comenzó cuando por casualidad leyó un artículo de una revista acerca de la vida en el Congo. Éste decía: "Mientras les predicamos la religión, ellos sufren y mueren ante nuestros ojos."

Así fue como Schweitzer recibió su llamado. Inmediatamente empezó a hacer planes para ir a África. Sus amigos protestaron argumentando que si los aborígenes de África necesitaban ayuda, que Schweitzer buscara la manera de suministrarles apoyo económico. Él no tendría que lavar a los leprosos con sus propias manos.

Siempre habrá esa clase de personas que nos diga que tenemos que ser realistas, personas que se sienten con el derecho de atajar nuestros sueños y controlar nuestras vidas. Pero siempre habrá algunos, aunque sean pocos, que animen nuestros ideales y se unan a nuestras metas. Cuando Schweitzer se enamoró de Helen Bresslau, la hija de un historiador judío, le propuso: "Estoy estudiando medicina para ir a ayudar a los negros de África. ¿Pasarías el resto de tu vida conmigo en la jungla?"

Ella contestó: "Yo voy a ser enfermera, ¿podrías irte sin mí?" El viernes santo de 1913 los dos zarparon para Guinea Ecuatorial en el África. Durante más de cincuenta años permanecieron allí. Con el tiempo, Schweitzer fue galardonado con el premio Nobel y se convirtió en una leyenda.

Nosotros no siempre podemos ajustar el curso de nuestras vidas para hacer que nuestras metas correspondan con las metas de otros a nuestro alrededor, como sucedió en el caso de Helen Schweitzer. No obstante la regla todavía aplica; si otros van cerca del lugar adonde usted va, aproveche la oportunidad y súbase en su tren.

CAPÍTULO SIETE

EL PODER DE UNA EXPERIENCIA EXITOSA

"El ejemplo es la escuela de la humanidad,
no existe ninguna otra."
—Edmund Burke

Hace algún tiempo en una convención de seguros en Atlanta compartí el escenario con el señor Lee Iacocca, presidente del grupo *Chrysler Corporation*. La compañía de autos pasaba por una crisis y nadie estaba seguro de que sobreviviera. La disertación del señor Iacocca se titulaba: "¡Y piensas que estás en problemas!" Presentó un discurso impactante que duró unos sesenta minutos. En varios momentos el discurso fue interrumpido por los aplausos. En su disertación el señor Iacocca relató cómo Chrysler había tenido que despedir a 20.000 empleados y aun así había producido más autos que cualquier otra compañía en ese período de unos tres años. También relató cómo la compañía estaba surgiendo lentamente de nuevo. Fue la típica historia del pobre que se hace rico pero a una escala corporativa.

Regresé a mi hotel profundamente conmovido y lleno de energía. Mi trabajo no se parece en nada al del señor Iacocca. Él es el presidente de una gran fábrica de automóviles en Detroit y yo soy un psicoterapeuta y escritor en Los Ángeles. Sin embargo, esta historia triunfal del señor Iacocca, me hizo ver mi trabajo con una visión más celosa y dedicada.

En aquella ocasión se enfatizó un importante principio psicológico: las historias de éxito juegan un papel importante al motivarnos. Entonces, la regla número seis para sacar lo mejor de las personas es:

Utilice modelos que promuevan el éxito.

Los grandes motivadores a menudo son buenos contando historias. Ellos saben que es más fácil motivarnos con experiencias y ejemplos específicos que con principios generales. Morton Hunt dice que una vez su doctor le recomendó tomar una medicina para cierto problema médico que lo agobiaba. Le preguntó si era seguro. "El doctor me mostró la evidencia," dijo Hunt, "y entonces me sentí más seguro. Añadió: 'Yo también la tomo,' entonces me convencí."

David J. Moine, quien dirige su propia firma de entrenamiento en comunicaciones en Redondo Beach, California, ha demostrado que los vendedores exitosos usan ejemplos de la vida real para demostrarle al cliente que otros individuos han tomado la misma decisión que ellos van a tomar. Si estoy viendo un carro nuevo y el vendedor me dice que muchos clientes recientemente han comprado el mismo carro, me siento mucho más motivado a comprarlo.

Las historias de otros nos convencen pues apelan a nuestro corazón, no a nuestra mente. Tienen la capacidad de mover nuestros sentimientos profundamente y de cambiar nuestras actitudes. Y cuando todo está dicho y hecho, el arte de la motivación se convierte en el combustible de las emociones. Es más atrayente al inconsciente que al conciente, al lado derecho del cerebro que al izquierdo. El político y científico James MacGregor Burns, en su libro ganador del premio Pulitzer, *Leadership* (Liderazgo), comenta del extraño poder del líder Mao Tse-tung, quien era un verdadero genio. Dice: "Sabía entender las emociones de la gente." Y la mejor manera de estimular las emociones es hablar de otras personas, de sus luchas, sus conflictos, así como de sus triunfos.

La Biblia es un libro que impacta en las emociones. Y esto es cierto porque está llena de dramas vívidos. En buena medida, es una colección de biografías de gente de carne y hueso. Los relatos de este libro transmiten impresionantes principios a través de las experiencias de sus personajes. Los periodistas modernos utilizan el mismo estilo. Revistas como *Reader's Digest, People, Guideposts,* aún el famoso *New Yorker,* todos apelan al mismo instinto en nosotros: queremos saber acerca de la vida de otras personas.

El héroe legendario

La mayoría de movimientos y organizaciones parecen crecer mejor cuando tienen alguna figura que encarna ciertos principios, y que, de hecho, los puede mejorar. Personas como el señor Thomas Watson de IBM, A.P. Giannini de Banco de América, Mary Kay Ash de cosméticos Mary Kay, o Ken Olsen de DEC han adquirido dimensiones míticas. Y de acuerdo con los expertos en manejo corporativo, estas leyendas son muy importantes por que reportan valores y cultura a la organización.

Charles Steinmetz de General Electric es un buen ejemplo al respecto. Siendo minusválido llegó a América como inmigrante desde Austria. Siendo aún joven Steinmetz empezó a trabajar en el laboratorio de Thomas Edison. Es el responsable de haber hecho docenas de inventos que están todavía en uso en GE y otras compañías. Pero Steinmetz es reconocido por otras razones. Cuando la compañía contrataba a nuevos ingenieros, él los invitaba a visitarlo en su casa los fines de semana para conocer qué clase de personas eran. En una ocasión hasta adoptó uno de esos ingenieros como su hijo y permitió que toda su familia se mudara a vivir con él.

Tales historias circularon a través de las redes informales de comunicación de la empresa, lo que contribuyó a perpetuar la filosofía de GE que consiste en un trato justo para todos los empleados. Además, el espectro de tales líderes ayuda a construir la excelencia. Un consultor que trabaja para GE hizo un recorrido por el laboratorio donde Charles Steinmetz hacía sus experimentos. Este hombre dijo: "A veces me parece ver aun las luces prendidas y ver a Steinmetz trabajando." Para ese hombre, y para otros empleados que nunca conocieron a Steinmetz, él seguía siendo un recordatorio de la inventiva que GE mantiene como núcleo de sus valores y cultura corporativa.

Las culturas escolares también se construyen de la misma manera. Los entrenadores siempre han sabido estimular a un equipo hablando de algún atleta destacado, como el legendario "Gana una para el Gipper." Los maestros harían bien en usar biografías en sus clases. Pueden hablar a sus alumnos acerca de estudiantes brillantes en el pasado, y hasta invitarlos un día y presentarlos a la clase. Los maestros encuentran que sus estudiantes aprenden mucho más si ocasionalmente pasan por alto el material asignado y traen a colación ante sus estudiantes, ejemplos de personas como Lincoln o Madame Curie.

Las familias hacen bien en inspirar a los niños pequeños al mantener recuerdos vivos de otras generaciones. Durante sus últimas tres décadas antes de morir, mi abuela dedicó mucha de su energía a escribir historias de su padre, un cazador de búfalos llamado Frank J. Brown. De hecho publicó dos libros, para el beneficio de las docenas de primos y bisnietos. Algunos de nosotros pensábamos que mi abuela estaba obsesionada con estos proyectos, pero ahora que soy mayor me doy cuenta de cuánto ha influenciado en mi vida la manera de pensar del padre de mi abuela. En muchas ocasiones me remito a tales libros con el fin de tener una mejor idea de quién soy, y así adquiero una resolución más firme para continuar con mis tradiciones.

En una ocasión se le preguntó a Harry Truman a qué atribuía sus logros en la política. Señalando las fotografías de varios de sus ancestros dijo con una sonrisa en su rostro: "Vengo de una buena manada, y tengo mucho para representar." Hay algo noble en rastrear las raíces e impartir tal conocimiento a la familia. Ellos pueden adquirir la convicción de que hacen parte de unos sueños del pasado que se deben realizar.

El héroe contemporáneo

Junto a los héroes legendarios que hemos considerado, existen otro tipo de historias exitosas. El buen motivador encuentra modelos contemporáneos para mostrar a su grupo. De hecho, esta es una de las maneras más efectivas de mostrar a los empleados lo que se desea alcanzar.

Digamos que Procter & Gamble están por tener una dura competencia en cierto mercado, y que el jefe de ventas ha decidido tomar una vía más agresiva. Puede que mande un memorando al respecto, o puede dar un discurso a los vendedores sobre el tema. Pero en Procter & Gamble saben que el mensaje se comunicará de forma mucho más efectiva si se busca a un vendedor que esté haciendo exactamente lo que ellos buscan. Lo traen, aplauden sus procedimientos de ventas agresivos, le demuestran su aprobación, y lo postulan en el periódico de la compañía como el "vendedor del mes." El mensaje obvio es "Imítenlo." Y dicho mensaje se transmite de forma más efectiva que cualquier memorando anunciando la nueva estrategia corporativa.

Recordando las conversaciones que tenía en la mesa cuando era pequeño, veo como mi padre usó efectivamente la figura de los héroes para motivar a sus hijos. Siendo hombre pensante y de hablar tranquilo, nunca nos dio sermones del desempeño que deberíamos tener en la escuela. Lo que sí comentaba en la mesa era su admiración por algunas personas del pueblo, entre ellas un hombre de negocios que iba a la escuela de derecho en las noches, o del joven granjero que tomaba clases por correspondencia. Él quería asegurarse de que nos diéramos cuenta que estas personas existían. Tanto mi hermano como yo obtuvimos doctorados y, al mirar atrás, ahora veo como nuestro padre nos impulso al éxito. Hizo lo que todo directivo y maestro eficaz hace, nos transmitió grandes valores muchas veces a través de ejemplos de personas de carne y hueso que demostraron tales valores.

"Si él lo puede hacer, tú también."

Cuando nuestro líder nos presenta ejemplos de gente exitosa, no solamente lo hace para inculcar ciertos valores, también lo hace para convencernos de que si ellos lo lograron, nosotros también podemos hacerlo. El triunfo de otros nos impulsa a triunfar. Por nueve años el record de una milla se sostuvo en cuatro minutos. A comienzos de 1945, Gunder Haegg logró un tiempo de 4:01.4. Muchos decían que los límites de la capacidad humana ya se habían alcanzado y que era imposible romper esa marca. Entonces, en 1945 Roger Bannister rompió el record con 3:59.4. ¿Y cuál fue el resultado? Tan pronto como el mito de que la "barrera imposible" se había roto, el record de los cuatro minutos milla fue batido por muchos con facilidad. ¡En muy poco tiempo el logro de cuatro minutos fue mejorado 66 veces por 26 atletas diferentes! Si alguien dijera que esto es simplemente el poder de competencia, estaría pasando por alto aspectos sobresalientes respecto a la motivación. Antes de que se rompiera la marca de los cuatro minutos había la misma competencia. Lo que los ganadores descubrieron en Bannister era que sí se podía lograr. Lo que era un logro inalcanzable se había convertido en algo posible, y la evidencia concreta de que el éxito estaba al alcance los inspiró a mejorar sus registros.

En las reuniones del grupo Mary Kay se aplica este principio una y otra vez. Los asistentes pueden sentarse por horas para aprender historias de gente exitosa. La técnica motivacional es sencilla. La gente se dirige al micrófono y cuenta sus luchas y triunfos. El mismo mensaje se afianza una y otra vez: "Si yo pude hacerlo, tu también podrás." Muestran las fotografías de sus nuevas y lujosas casas, y cuentan básicamente la misma historia: "Empezamos sin nada. Tú puedes hacer lo mismo, simplemente debes creer y trabajar duro."

Terrence E. Deal y Allan A. Kennedy, explican este fenómeno muy bien en su espléndido libro *Corporate Cultures* (Culturas Corporativas):

> "Los héroes son figuras simbólicas cuyas acciones están fuera de lo común, pero no demasiado. Sus historias demuestran, a menudo de forma dramática, la idea de que el éxito está dentro de la capacidad humana."

El optimista de la quinta avenida

En varias ocasiones me preguntan por qué algunas iglesias son muy exitosas, mientras que otras no lo son tanto; por qué algunos pastores pueden hacer sentir a su congregación inspirada y esperanzada, y otros no.

Muchos intelectuales han sido muy críticos con los líderes de algunas religiones, como en el caso de Norman Vincent Peale, criticado por ser absolutamente optimista, ignorando la presencia de tragedias y sufrimientos en el mundo. Pero mientras más me siento en mi oficina y escucho a la gente hablar de cómo ya no aguantan más y de cómo algunas veces sienten que caerán de nuevo, más me doy cuenta de que todos necesitamos ir a algún lugar cada semana para que se nos levante el ánimo, para que se nos de esperanza, y donde podamos renovar nuestras fuerzas.

El año pasado, mientras estuve de visita en Nueva York, durante la mañana de un frío domingo de diciembre, decidí ir a la Iglesia Mable Collegiate y presenciar un sermón dado por el padre del pensamiento posible, el mismo Dr. Peale. La gente había esperado bajo la lluvia en la Quinta Avenida por más de una hora para asegurar un buen asiento, y a nadie parecía importarle. Una vez adentro, cantamos viejos himnos con entusiasmo y escuchamos a un ministro leer la Biblia. Entonces, cuando era el momento del sermón, el doctor Peale subió lentamente al púlpito. Tenía 86 años, y había presidido su iglesia por 51 años, y sí que se le notaban los años. En ese momento pensé, ¿por qué no se retira?

Pero cuando llegó al púlpito, puso sus codos en él, y empezó a hablar, me di cuenta porqué su congregación nunca le dejaría retirarse. Fue como si alguien hubiera encendido un botón. Se puso erguido, sus ojos cobraron vida, y dio un poderoso sermón acerca de la preocupación y los principios espirituales que nos pueden ayudar a lidiar con las deudas. Contó historia tras historia de gente que había salido delante de sus dificultades con la ayuda de Dios. Cuando terminó y todos nos sentimos satisfechos, todos parecíamos caminar con los hombros atrás y con nuestras cabezas un poco más altas.

Al terminar, le dije a Peale cuánto me había conmovido su sermón y cuán admirado estaba de la técnica de agrupar historias exitosas para lograr ilustrar su enseñanza. Peale hizo mis halagos a un lado cuando dijo que no había hecho más que "buscar" en sus últimos sermones. Entonces hizo una pausa y consideró el asunto de las historias. "Bueno," dijo, "la gente solía criticarme por contar muchas anécdotas positivas. Pero últimamente no me han atacado por eso. Tal vez, me volví un escurridizo.". "Pero trato de usar biografías de gente brillante en mi predicación porque nada en la Biblia dice que debiéramos ensayar la derrota. Y la mejor manera que conozco para motivar es mostrar como otros hombres y mujeres como ellos, con problemas similares a los suyos, han podido salir adelante."

Lo que hemos estado considerando en este capítulo es mucho más que un simple modelo. Lo que los motivadores buscamos es transmitir una atmósfera de entusiasmo y esperanza, la cual se comunica más efectivamente con las experiencias de otras personas. David Kolb, profesor de manejo empresarial de la Universidad *Case Wesetern Reserve*, lo resume de esta manera: "Si veo que la gente a mi alrededor triunfa, me siento estimulado a hacer lo mismo."

En el próximo capítulo ofreceré algunas sugerencias específicas para ayudar a las personas a pasar de pequeños logros a grandes éxitos.

CAPÍTULO OCHO

EL SECRETO DE TRANSFORMAR LOS PEQUEÑOS TRIUNFOS EN GRANDES VICTORIAS

"El aplauso es el impulso de las mentes nobles"
—C.C. Colton

Bette Nesmith era una madre soltera, tenía un hijo de nueve años y trabajaba en un banco de Dallas. En aquel entonces parecía ser una persona promedio, sin grandes proyectos para realizar. Estaba contenta de su trabajo como secretaria, en el cual ganaba $300 dólares al mes. Un buen salario para 1951. Pero tenía un problema, no sabía cómo corregir los errores tipográficos que tenía con su nueva máquina de escribir eléctrica. Nesmith había aprendido su oficio de forma autodidacta y de la misma manera que un artista autodidacta nunca corrige sus errores barriendo sino simplemente pintando de nuevo sobre el error, ella intentó hacer lo mismo. De manera que Nesmith se inventó un fluido para cubrir sus errores mecanográficos.

Poco después todas las secretarias del edificio estaban usando lo que ella llamaba "Error fuera". Un distribuidor de artículos de oficina la animó para comercializar su producto, pero las agencias de mercadeo no se impresionaron lo suficiente con éste y muchas empresas (entre ellas IBM) rechazaron su producto.

Como las secretarias empezaron a amar el producto, Nesmith convirtió su cocina en un taller de producción. Poco a poco empezaron a llegar órdenes, de modo que Nesmith tuvo que contratar a una estudiante de preparatoria para que le ayudara a vender su producto. Sin embargo, no fue nada fácil para dos vendedoras sin experiencia. Un distribuidor les dijo: "La gente nunca pintará sus errores". Los registros informan que de agosto de 1959 a abril de 1960, la compañía tuvo ingresos de $1.142.71, y un total de gastos de $1.217.35, "No sé cómo lo hice," dijo Bette. Trabajaba medio tiempo como secretaria para sobrevivir y ahorraba $200 para pagarle a un químico para que desarrollara una formula de secado rápido.

Una vez el producto estuvo mejorado, Nesmith llevó sus pequeñas botellas blancas por todo el país. Visitaba los pueblos y las ciudades. Cuando llegaba a una ciudad, escribió más tarde, "tomaba la guía telefónica y escribía los números de los distribuidores para llamarlos. Iba a cada tienda de artículos de oficina y les dejaba 12 botellas". Eventualmente, Nesmith y sus colegas empezaron a recibir muchas órdenes. Fue así como *Liquid Paper Corporation* tuvo sus inicios. Cuando Nesmith vendió la compañía en 1979, las pequeñas botellitas blancas reportaban ganancias de $3.5 millones de dólares al año, con unas ventas de $38 millones de dólares. Gillet pagó por la firma $47.5 millones de dólares.

La mayoría de personas exitosas son en muchos casos como Bette Nesmith. Llevan vidas muy comunes hasta que, de repente, tienen un pequeño éxito. Entonces, a diferencia del resto de las personas, apuestan con este pequeño triunfo para obtener grandes resultados. Estas personas tienen lo que un asesor de gerencia ha llamado "la tendencia del repetidor". Es decir, una vez que han triunfado, se proponen duplicar ese logro para conseguir algo mayor.

Los expertos en motivación animan a sus colaboradores a tener, por decirlo así, una actitud de "bola de nieve de éxitos." Estudian a las personas en búsqueda de fortalezas que otros han pasado por alto; entonces cuando ven pequeños triunfos en su desempeño, saben cómo transformarlos en grandes éxitos. Un proverbio judío dice: "Cuando la suerte llega, ¡pónla cómoda!"

De modo que la regla número siete para descubrir triunfadores es la que muchos líderes han escuchado en seminarios y han leído en libros, pero que al mismo tiempo han descuidado muchísimo:

Reconozca y aplauda los logros

El arte de elogiar, lo que en psicología se conoce como el refuerzo positivo, es un arte esencial que debe dominar un gerente o un maestro al enseñar. En el capítulo 2 consideramos la importancia de esperar siempre lo mejor de las personas, pero esta regla es completamente diferente. En la sección anterior insté a tener una actitud positiva respecto al potencial de las personas. No obstante, en este caso estoy abogando por reforzar un comportamiento específico. Constituye la diferencia entre decir "Espero grandes cosas de ti" y "Has hecho un gran trabajo que contribuye al progreso de nuestra área."

Ahora bien, la queja más común de los empleados es ésta: "Nunca recibo ninguna retroalimentación de mi jefe excepto cuando algo sale mal". Y los adolescentes que van a mi oficina me dicen a menudo: "Mi papá repasa conmigo todo el tema cuando me va mal en la escuela, pero cuando obtengo buenas calificaciones actúa como si no estuviera pasando nada; pero el asunto es que yo sí he estado haciendo lo que debería estar haciendo".

En su libro *One Minute Manager* (Gerente en un minuto), Blanchard y Johnson sugieren tomar descansos frecuentes para lo que ellos llaman "Elogios en un minuto". Sorprenda a su empleado "haciendo algo bien" y felicítelo inmediatamente.

Tales actos son muy sencillos y todos sabemos que constituyen una manera muy efectiva de reforzar el buen desempeño de nuestros hijos y empleados. Pero deténgase un momento y piense, ¿cuándo fue la última vez que usted se tomó 60 segundos para hablar con su hijo acerca de algo que hizo bien? ¿Ha hecho eso con su secretaria o con los gerentes que trabajan para usted?

Lo que estamos discutiendo es una simple cortesía que se debe aplicar a todas las relaciones humanas, dedicar un momento para agradecer a quien nos ayuda. Mi amigo Mike Somdal es un especialista en la materia. Una de las razones por las que es tan exitoso en sus negocios es que ha dominado el fino arte de hacer sentir bien a la gente agradeciéndoles con regularidad lo que hacen. A menudo llama a sus clientes simplemente para agradecerles de nuevo esa orden que hicieron la semana pasada o por haberlo recomendado con otro cliente o por un almuerzo. Cualquier cosa. Y antes de que la conversación termine Mike ha asegurado su siguiente orden. Claro, si él llama con una segunda intención los clientes lo detectarán de inmediato. Pero Mike ha hecho que la gratitud sea un hábito muy frecuente, y quienes hacemos negocios con él apreciamos esa cualidad y respondemos bien a ella.

Los maestros acostumbran llamar a los padres cuando un estudiante no tiene buenos resultados. Pero harían bien en dedicar un poco de ese tiempo a llamar a los padres de los niños que tienen un buen desempeño o que mejoran con notoriedad. Tal respeto evidente por los estudiantes se hace bien conocido en la escuela y construye una influencia positiva en el salón de clase.

Casi todos nosotros anhelamos ser apreciados, y cuando alguien nos agradece genuinamente, desarrollamos a cambio aprecio por esa persona por mucho tiempo. "El aplauso de un solo ser humano", dijo Samuel Johnson, "es de gran trascendencia".

La necesidad de ser un ganador

El viejo adagio dice que "Nada triunfa mejor que el éxito" y Peters y Waterman en su estudio de las mejores compañías dirigidas de Norteamérica encontraron que las buenas organizaciones se sostienen sobre esta verdad. Ellos piensan que si los empleados creen que están teniendo un buen desempeño, estarán altamente motivados. De modo que las buenas compañías diseñan sistemas que continuamente refuerzan la noción de que sus empleados son ganadores, mientras que las demás compañías sólo se esfuerzan por mantener a sus empleados en la lucha por permanecer vivos. IBM, por ejemplo, diseñó cuotas para asegurarse de que un 70%

o un 80% de sus vendedores lograran sus metas cada año. Entre tanto, en otra compañía (una competidora de IBM en el ámbito de las líneas de producción) estableció unas cuotas de tal manera que sólo el 40% de sus vendedores cumpliera con los objetivos. "Los sistemas en compañías excelentes," dice Peters y Waterman "no están solamente diseñadas para producir muchos ganadores, sino que están construidas para celebrar la victoria una vez que esta ocurre."

El arte del halago

Existen maneras correctas e incorrectas para expresar aprecio y para reforzar un comportamiento positivo. A continuación encontrará algunas sugerencias para elogiar a quienes están bajo su supervisión.

1. **Elogie públicamente.** El elogio cara a cara rara vez es tan efectivo como el que se hace en público. Nunca olvidaré una tarde de lunes durante mi segundo año de secundaria. Sabía que en el partido de fútbol del viernes anterior, había jugado mejor de lo usual, y cuando me dirigía hacia la práctica me preguntaba si mi entrenador había notado mis buenos bloqueos. ¡No solamente él los había notado! sino que se lo dijo a todo el equipo. No fue un halago tan extraordinario pues yo no era un jugador tan brillante, pero 35 años más tarde recuerdo mi profundo orgullo cuando él amonestó a ciertos miembros del equipo por su mal desempeño y dijo: "Pero McGinnis es otra historia. Cierto, él no es el jugador más coordinado que hemos tenido, pero definitivamente sudó la camiseta el viernes." Recuerdo literalmente las palabras pues necesitaba desesperadamente ser aceptado en ese grupo, y cuando el entrenador me felicitó en frente del equipo, finalmente sentí que era alguien importante a sus ojos. Cuando los padres encomian a sus hijos durante la cena se obtienen mejores resultados que cuando lo hacen en privado, pues hace sentir al

hijo muy bien ante una audiencia. Cuando usted tenga reunión con sus empleados, aproveche la oportunidad para agradecerles generosamente. Todos pretendemos ser modestos y siempre tenemos dudas en cuanto a alardear de nosotros mismos, pero nunca he conocido a nadie que no le guste que los demás hablen bien de él. Por ejemplo, estar presente cuando su jefe habla del éxito de su desempeño, o ser parte de la fiesta cuando su esposa describe la manera tan inteligente como usted manejó un problema con sus hijos, esos son placeres irresistibles.

2. **Use cada triunfo como excusa para celebrar.** Mi esposa es una experta elogiando, y cuando algo fuera de lo normal pasa, otro libro está listo para impresión. Si termino un mueble en el taller, ella lo convierte en un gran acontecimiento. Ella me recibe en la puerta con un gran abrazo, y a veces con lágrimas en sus ojos, me habla de lo feliz que se siente. Entonces nos prepara una cena especial. Las mejores familias celebran frecuentemente sus logros. Para muchas personas a nuestro alrededor la vida es deprimente. Nosotros podemos hacer que su existencia sea más placentera si buscamos constantemente oportunidades para celebrar.

3. **Use algún gesto para dar más peso a su elogio.** Una de las mejores inversiones que un empleador puede hacer es comprar regalos para sus trabajadores. Cuando dar regalos se convierte en una rutina, como en la época de navidad, no se logran tantos efectos como cuando se invita al grupo a comer después de finalizar algún proyecto. Lo mismo ocurre cuando se le da a los empleados un pequeño obsequio como muestra de aprecio o si secretamente se ordena hacer unas placas conmemorativas para sus oficinas. Se dice que el señor Thomas Watson de IBM, en sus

caminatas administrativas, acostumbra escribir un cheque en cualquier lugar donde ocurre algo significativo. Cuando Peters y Waterman estaban haciendo su investigación para su libro sobre negocios de excelencia, encontraron muchos ejemplo de estos bonos inmediatos. Durante las primeras etapas de la Corporación Foxboro, se necesitaba con urgencia un avance tecnológico para la supervivencia de la compañía. Cierta noche, a una hora avanzada, un científico corrió a la oficina del presidente con un prototipo de trabajo. Estupefacto por la eficacia de la solución y desconcertado por la manera como le recompensaría, el presidente se agachó en su silla y hurgando en los cajones de su escritorio encontró algo. Entonces corrió hacia donde estaba el científico y le dijo, "¡Toma!" Tenía en sus manos una banana, el único premio que pudo poner en sus manos de inmediato. Desde ese momento en adelante, el pequeño broche "banana de oro" ha sido el mayor galardón para los logros científicos en Foxboro.

4. **Escriba sus felicitaciones.** Una nota tiene casi un poder mágico, especialmente la carta escrita a mano. Cuando eres importante para alguien, el gesto de tomarse el tiempo y enviar una carta de felicitación logra poderosos resultados. Algunas veces se puede doblar el efecto de este gesto al escribir no sólo a la persona implicada sino a otra. Tengo un amigo que viaja para realizar grandes negocios y cuando un empleado de una aerolínea le hace un favor, él no solamente le agradece cara a cara por su acción, sino que pregunta por el nombre del supervisor para dejarle una nota al respecto. Puede estar seguro de que esto aún tiene más peso en el reconocimiento del empleado.

5. **Sea específico al elogiar.** Cuando se dan palmadas vagas en la espalda como diciendo "estás haciendo un buen trabajo"

no se logra el mismo efecto de una felicitación específica. "Me gustó la manera como usaste los colores de este árbol en tu dibujo," impacta más en un niño de cinco años que decirle "Que lindo dibujo". Aquello demuestra que miraste con cuidado la pintura. Más aún, estás reforzando un comportamiento específico. Digamos que su equipo de trabajo ha sacado adelante un gran contrato. Puede que ellos no estén al tanto de por qué tuvieron éxito esta vez y por qué fracasaron veces anteriores. Entonces es importante que usted sea específico al mencionar lo que le gustó de la presentación, y decir que notó como ellos trabajaron tiempo extra un fin de semana decisivo para mejorar la propuesta.

Karen Pryor nos habla acerca de su amiga Annette, quien es muy buena al tranquilizar y ofrecer consuelo y consejos cuando uno está en problemas. "Pero es en el momento de las buenas noticias cuando Annette hace una retroalimentación inusual", dice Pryor. "Dile por ejemplo que el banco te aprobó el préstamo y ella te dirá más que '¡Excelente!' Ella mencionará lo que hiciste exactamente para merecer esas buenas noticias. Annette puede que te diga 'Ves, ¿recuerdas todos los problemas por los que tuviste que pasar con la empresa de teléfonos y cuando querías obtener tu tarjeta de viajero? Ahora todo valió la pena. Ahora se te está reconociendo como una mujer de negocios. Pero primero tuviste que hacer los movimientos correctos, y los hiciste. Estoy realmente orgullosa de ti.' Al final Pryor dice: "Aquello es más que una aprobación, es un apoyo."

Más allá del garrote y la zanahoria

Cada vez más, los líderes están descubriendo que no pueden depender sólo de recompensar y castigar sino que deben recurrir a otras herramientas psicológicas para inspirar un mejor desempeño. De hecho, de acuerdo con muchos estudios, demasiadas remuneraciones tienen efectos limitados, y con el tiempo debilitan la motivación. Como dijo un jugador de béisbol de las grandes ligas:"Solía disfrutar de jugar al béisbol hasta que me empezaron a pagar por ello." Así es, las personas disfrutan de la satisfacción interna de hacer las cosas bien (aunque aquello no implique ninguna retribución). Demasiada compensación externa (incentivos de dinero para un empleado o una barra de dulce para un estudiante) debilita la motivación interna. Raymond J. Wlodkowski, de la Universidad de Wisconsin, advierte contra el peligro de prometer demasiada paga o zanahorias. Existe un peligro, dice, en convertir a los estudiantes en "adictos a la compensación" ya que siempre esperarán algo a cambio de aprender.

Por otra parte, el elogio verbal –haciéndole ver a sus estudiantes y empleados que aprecia su trabajo y que toma en consideración sus cualidades- tiene un efecto mucho más profundo. Cuando alaba buenas cualidades, usted está asegurando que ese buen efecto se repita.

He estudiado por algún tiempo las técnicas empleadas por cierta compañía de mercadeo, la cual comenzó hace menos de treinta años y todavía me impresionan sus dos fundadores, Jay VanAndel y Rich DeVos. El año pasado la compañía ganó alrededor de un billón de dólares. ¿Cómo ha podido tal organización florecer de manera tan fenomenal en tan corto tiempo? Definitivamente hay muchos secretos, pero uno de sus principios más prácticos (uno que es ampliamente descuidado en muchas compañías menos exitosas), es que ellos hacen todo lo posible para celebrar los logros de sus distribuidores. Uno puede hacer la mitad apenas bien y pasar desapercibido. Por ejemplo, en las "Reuniones familiares," ferias de fin de semana en un salón de baile, miles de distribuidores se reúnen para tener charlas animadoras, seminarios y conferencias. Pero lo más importante en este tipo de reuniones son las largas ceremonias de reconocimiento. Se dan muchos regalos, y la multitud se pone de pie para elogiar literalmente una docena de veces a la gente que se llama al escenario cuando se anuncian sus logros. Son de las audiencias que conozco, las que más aplauden, pues al parecer conceden mucha importancia a aplaudirse mutuamente por largo tiempo. Los dueños de las empresas consideran importante asistir a estas reuniones con bastante frecuencia, y Rich DeVos dice: "Tengo uno de los mejores trabajos del mundo, porque gasto la mitad de mi tiempo viajando alrededor del país para elogiar a otras personas."

El arte de la formación

No obstante, los elogios repetitivos pueden perder su eficacia con el tiempo. Y eso puede resultar tan malo como la crítica o la represión. Digamos que le estás enseñando a un caballo a arrodillarse en una rodilla. Al principio, durante el entrenamiento, alimentas al animal cada vez que hace bien una parte de la rutina. Pero una vez que se haya establecido el hábito, la recompensa deberá ser más intermitente. Los padres y los ejecutivos necesitan recordar este principio en la formación. Una vez los buenos hábitos están establecidos, es dañino recompensar a una persona todo el tiempo.

Con respecto a este punto tengo otra advertencia. A veces podemos hacer mal al premiar solamente el resultado de alguna actividad más que la propia actividad. Es posible, por ejemplo, erosionar el amor de alguien por algo (como el amor por aprender) al estimular demasiado solo el final del proceso. Podemos evitar esta trampa, primero, al ser regulares en nuestros elogios, y, segundo, al animar a la gente por el proceso, al igual que por el resultado final. Una frase como: "Admiro la manera como te esfuerzas", puede ser un puñado de oro para alguien que esté asegurándole el éxito.

Finalmente, debemos estar atentos para que las personas a nuestro alrededor, especialmente los niños, se sientan amadas tanto verbalmente como por los hechos. Un hombre se sienta en mi escritorio llorando desconsoladamente por causa de su matrimonio, el cual terminó prematuramente porque él era un adicto al trabajo. Vino a mí porque quería deshacerse de esta obsesión por el trabajo. "Pero no quiero recordar mi niñez," dijo. "No soporto estas personas que van a un psicólogo y terminan culpando de todo a sus padres". Estaba de acuerdo en que no sirve de nada culparlos a ellos, pero le expliqué en la terapia que algunas veces necesitamos explorar nuestra niñez para llegar a comprender cómo llegamos a desarrollar nuestros hábitos. No se trata de culpar a nadie sino de averiguar cómo llegamos a donde estamos para tomar medidas correctivas y cambiar.

Prácticamente suspiró aliviado cuando le dije eso, y entonces se rió al describir a sus padres, quienes habían sido demasiado severos y consideraban el trabajo como la mejor ganancia. "Mis padres nunca nos abrazaron," dijo, "y pensaban que eras un niño consentido si te estimulaban, por eso mi hermana y yo nunca recibíamos una caricia, excepto cuando trabajábamos duro. Si cortaba el pasto bien los sábados, sabía que o mamá lo diría a papá o él le diría a ella: '¿No cierto que Harv hizo un buen trabajo con el césped hoy?' Los niños hacen lo que sea por una caricia, de manera que yo cortaba el césped todos los sábados, y hasta, de hecho, trabajé en una tienda del barrio todos mis años de secundaria. Entonces cuando me casé, asumí que esta nueva mujer en mi vida me amaría por trabajar duro al igual que lo hicieron las otras mujeres importantes en mi vida. Pero ese era precisamente mi error. A ella le hubiera gustado mucho más tenerme en casa viendo televisión con ella en las noches, pero de alguna manera nunca lo pude entender."

Esa es una trágica historia, y podemos prevenir tales ideas equivocadas en nuestros niños si siempre les damos algo de afecto y estímulo sin necesidad de que haya razón aparente para ello. Ellos necesitan saber que se les valora por lo que son, no solamente por la nota que obtengan ni porque siguen nuestras reglas.

Observando la mejoría

El líder que está alerta siempre estará al tanto de los cambios positivos. No hay nada más desmoralizador que cambiar algo con gran dificultad y que nuestros supervisores dejen pasar desapercibido tal cambio. Muy frecuentemente ellos asumen que tenemos los mismos malos hábitos o actitudes que tuvimos el mes pasado, cuando la verdad es que somos completamente diferentes.

A. W. Beaven nos cuenta de un incidente que nos parte el corazón. Una niñita se había portado mal y su mamá la tuvo que castigar por eso. Pero un día la niñita se había esforzado demasiado y no había hecho nada que mereciera una reprimenda. Esa noche, después de que la madre la había arropado en su cama y estaba bajando las escaleras, escuchó a su hijita romper en llanto. Al volver, la encontró con su cabeza clavada en la almohada. Entre sollozos su hija le preguntó: "¿No he sido una linda niña hoy?" "Esa pregunta me atravesó como un cuchillo," dice la madre. No tardé en corregirla cuando se portó mal, pero no me di cuenta cuando se esforzó por comportarse bien. La llevé a la cama sin una sola palabra de aprecio.

Enfocarse en el éxito

Los mejores motivadores saben que uno de los efectos de reconocer los logros de otros es que les ayuda a visualizarse en el futuro siendo triunfadores. Tales imágenes mentales ejercen un efecto innegable en el desempeño.

Arthur Gordon nos cuenta de su cacería en una calmada tarde de diciembre en la parte baja del país de Georgia:

"Una escopeta de una sola bala, calibre 20, que me habían regalado para navidad, me había hecho el adolescente de 13 años más orgulloso de Georgia. Además, en mi primera cacería, con un tiro de suerte, pude dispararle al único pájaro al que le apunté. Mi corazón casi se me revienta de lo orgulloso y feliz que me sentía.

La segunda cacería fue otra historia. Mi compañero era un juez de mayor edad, amigo de mi padre. Más bien parecía un sabueso. Tenía su cara llena de parches marrón y ojos capotudos y desplegaba la tolerancia que resulta de conocer lo peor de la raza humana pero al mismo tiempo disfrutaba de estar con la gente. Tenía recelo de cazar con el Juez porque lo admiraba muchísimo y deseaba en gran manera complacerlo. Pero fui directo a la humillación.

Encontramos muchísimos pájaros, y el Juez derribaba uno o dos de cada manada que veíamos. Yo, por otra parte, ni siquiera toqué a alguno en una pluma. Traté con todo: disparé por encima y por debajo de ellos, así como de forma adelantada y retrasada. Nada resultaba. Y mientras más fallaba, más tenso me ponía.

Entonces el perro que nos acompañaba, el viejo Doc, vio una codorniz en un grupo de árboles de palmeto. Se paralizó, su larga cola estaba rígida. Algo en mi también se paralizó, porque sabía que vendría otro descrédito.

Sin embargo, en vez de hacerme señas para que procediera, el Juez puso su pistola cuidadosamente en el suelo. "Esperemos un momento", sugirió... Entonces, lentamente dijo: "Tu padre me dijo que el otro día le habías dado a una codorniz, ¿no es cierto?"

"Si señor", le dije temerosamente. "Fue suerte, tal vez", dijo el Juez. "Pero eso no importa. ¿Recuerdas exactamente cómo pasó? ¿Puedes cerrar tus ojos y verlo en tu mente?"

Le dije que sí con mi cabeza, porque era cierto. Podía evocar cada detalle: al ave volando frente a mis ojos, el arma parecía apuntarse sola, el aumento de la euforia, el calor del reconocimiento... "Bueno, ahora," me dijo el Juez calmadamente, "siéntate aquí y revive ese disparo un par de veces. Entonces ve y derriba ese pájaro. No pienses en mí ni en el perro ni en nada. Sólo en ese buen disparo del otro día."

Cuando seguí ese consejo, fue como si tuviera un conjunto de reflejos nuevos, listos para actuar. Arma arriba, suave y segura como si tuviera vida y propósito. Codorniz derribada. Segundos después Doc estaba a mi lado ofreciéndome el ave.

Deseaba continuar, pero el Juez descargó su arma. "Es todo por hoy, hijo," dijo. "Te has enfocado sólo en fracasos toda la tarde. Quiero que mires solamente la imagen del éxito".

"Allí", dijo Gordon, "en dos frases, estaba el mejor consejo que jamás haya recibido."

Lo que hizo el Juez por Gordon es similar a lo que a menudo tratamos de hacer por nuestros pacientes con la psicoterapia. Vienen a nuestras oficinas, heridos por algún fracaso reciente, con su autoestima por el piso. Sienten como si no pudieran hacer nada bien, y de hecho, con semejantes concepciones negativas, tienden a cumplir sus expectativas. De manera que para invertir la tendencia, les pedimos que busquen en el pasado y recuerden algún éxito. Si están demasiado abatidos pueden necesitar una medida abundante de estímulo para recordar un momento en el que obtuvieron el triunfo. Pero a medida que empiezan a hablar y a recordar mentalmente los momentos en que fueron los mejores en algo, resulta sorprendente ver como se empiezan a reponer.

Algunas personas se obsesionan tanto con fracasos recientes que olvidan sus buenos años.

¿Debemos confiar demasiado en nosotros mismos?

El señor Dave Grant, quien enseña a supervisores de diversos negocios sobre cómo obtener el máximo desempeño, dice que después de los seminarios -varios de ellos- a menudo se acercan a decirle: "¿Sabe? No queremos hacer sentir a nuestros empleados demasiado bien acerca de ellos mismos, para que no piensen que deberían tener mejores salarios o mejores puestos. A veces necesitan que se les bajen los humos, y no hace daño que de vez en cuando se haga que fallen en algo."

Ese enfoque constituye una forma muy lamentable de manejar una organización. Asume que los empleados son como niños que pueden volverse mimados. El mejor líder dirige de manera totalmente opuesta. Hacen todo lo que esté a su alcance para ayudar a sus empleados a triunfar y a ganar más confianza en lo que hacen. W. Somerset Maugham dijo: "La idea tradicional de que el triunfo echa a perder a la personas convirtiéndolas en vanas, egoístas y autocomplacientes es errónea; por el contrario, los hace en la mayoría de los casos, humildes, tolerantes y firmes. El fracaso hace a la gente resentida y cruel."

Nuestra tarea, entonces, es ayudar a la gente a aprovechar sus pequeños logros para conseguir aún mayores. Y de alguna manera ayudar a que sigan la regla número siete:

Reconozca y aplauda el logro.

CAPÍTULO NUEVE

CUÁNDO ELOGIAR Y CUÁNDO REPRENDER

Hay madres que besan y hay madres que reprenden, pero el amor es el mismo, y la mayoría de las madres besan y reprenden a la vez."

—Pearl S. Buck

Algunos motivadores opinan que la única manera de hacer que la gente produzca consiste en impartir refuerzos positivos. Pero el elogio es sólo una de las muchas maneras de motivar. Los seres humanos somos seres complejos y nos rodean estímulos complejos.

Una vez en un seminario escuché a un conferencista decir que solamente existen dos maneras de motivar a la gente: con amor o con miedo. Y que la única forma correcta de motivar consiste en desplegar amor. Lo anterior me parece muy limitado. En primer lugar, los seres humanos estamos motivados por muchas más cosas que el amor y el miedo, y, en segundo lugar, el miedo no es la manera más efectiva de sacar lo mejor de las personas. Todos los días hacemos cosas en nuestra vida motivados por el miedo. Evitamos ciertos comportamientos en el trabajo para no perder nuestro empleo. Manejamos a cierta velocidad porque tememos a las repercusiones de ir a alta velocidad. Es idealista esperar siquiera un mundo donde no exista el temor, y es definitivamente improcedente tratar de guiar a una familia donde no exista cierto castigo, o una oficina donde no se reprenda a los empleados. Nos inclinamos más por emplear la zanahoria que el garrote, pero el garrote también ayuda.

De modo que la regla número ocho, para descubrir triunfadores es:

Utilice una combinación de refuerzos
positivos y negativos

Cuando John Wooden llegó a la UCLA, el equipo de baloncesto había terminado la temporada perdiendo 12 a 13. Pero Wooden se puso a trabajar de inmediato y comenzó a construir lo que se convirtió en el record más espectacular en la historia del deporte universitario. Cuando Wooden se retiró en 1975, había sido el entrenador del equipo de baloncesto de la UCLA en 10 campeonatos nacionales durante 12 años, un record imposible de alcanzar por ningún otro entrenador. Se le llamó: "El mago de Westwood," debido a que pudo ganar con hombres altos y bajos. En un año fue el equipo con los jugadores más bajos en la historia de la competencia en ganar un torneo nacional.

Dos psicólogos investigadores, Roland G. Tharp y Ronald Gallimore, estudiaron en detalle los métodos del entrenador Wooden durante la temporada de 1974-1975. Después de asistir a quince prácticas y ver cómo les hablaba a sus jugadores en el campo, encontraron que en contraste con las técnicas más recomendadas por algunos innovadores de comportamiento, el encomio no era un factor tan determinante en el entrenamiento de Wooden. Los refuerzos sociales totalmente positivos, verbales y no verbales, constituían solamente el 7% del proceso. Las aseveraciones negativas eran un total de 14.6%. Wooden regañaba dos veces más de lo que recompensaba.

Pero es interesante el buen resultado de las aseveraciones negativas de Wooden. Los investigadores lo llamaron "regaño / instrucción." El decía lo siguiente: "No lo hagas así, hazlo de esta manera," y él mismo demostraba cómo hacerlo. Wooden nunca fue un verdugo; nunca usó el castigo físico, como por ejemplo darle vueltas al campo, pero sus correcciones eran más efectivas: "¡Les he dicho ya por tres años que no muevan los brazos cuando van a tirar la pelota! ¡Más arriba del pecho!"

El ejemplo de Wooden nos da muchas sugerencias específicas de cómo usar un refuerzo negativo:

1. Asegúrese de que está enseñando a evitar cierto comportamiento, no a evitarlo a usted. Wooden siempre mantuvo una relación cálida, basada en la confianza con sus jugadores y a menudo les dijo que después de su propia familia ellos eran los más importantes. Esto hizo posible que después de regañar o corregir en el campo de juego no se afectara su relación con ellos.

   Si nuestros subalternos están constantemente temiendo nuestra reacción, no tendrán un buen desempeño. Queremos que nuestros, hijos por ejemplo, teman las consecuencias de ciertos actos, en vez de que nos teman a nosotros. De una manera ordenada y objetiva queremos que nuestros hijos entiendan que la vida es una serie de acciones que conllevan ciertos resultados. Las calificaciones poco satisfactorias hacen que se pierdan ciertos privilegios, y un determinado comportamiento implica castigo. Es esencial que aprendan estas lecciones lo más temprano posible: si agarras la hornilla caliente te quemas, y si me traes malas calificaciones habrá consecuencias.

   Este comportamiento es completamente diferente al de un tirano. Ciertos líderes son impredecibles e impulsivos. Si alguien por casualidad se encuentra con su lado equivocado, estará en problemas. Tales personas harán lo que esté a su alcance para desquitarse si se les defrauda. Por otra parte, los buenos motivadores puede que sean estrictos, pero son siempre justos; antes que pensar en su propio beneficio piensan en el bienestar de su grupo y en el de la organización. No pierden el tiempo en venganzas.

2. Corrija el comportamiento indeseado sin dilación. Existe un error en el sistema de castigos tradicionales y es que se castiga después de un tiempo considerable después de haber sido cometida la falta y, por lo tanto, esto no ayuda

a cambiar dicho comportamiento. De hecho, algunos investigadores diferencian entre el castigo, que viene después de la falta (en el caso de la ley, algunas veces años después del suceso), y el refuerzo negativo, que viene inmediatamente. Algunos estudios indican que cuando castigamos, solamente castigamos el comportamiento. En ese caso el castigo es efectivo solamente en el caso de que estemos presentes para amenazar con más castigo. Cuando nos vamos y no hay más peligro de ser descubiertos, el comportamiento se repite.

Lo anterior es completamente opuesto a las técnicas utilizadas por Wooden. Él reprendía, pero lo hacía inmediatamente después de la falta y el mal comportamiento era corregido al instante. Y al usar repetidamente su método corrección / re-instrucción, el patrón de comportamiento cambiaba. Estaba comprometido a transformar hábitos.

3. Establezca una forma de interrumpir el estímulo negativo tan pronto como se detenga el comportamiento. Digamos que su hijo le entrega un informe de notas deficiente. En respuesta usted determina privarlo de la televisión por un mes. Un mes es mucho tiempo, y de hecho, es más de lo que se demora el próximo informe de notas, de manera que el castigo no es muy equilibrado. ¿Y qué hay si el próximo informe es aún peor? Usualmente no diríamos "Humm, el castigo no está funcionando, probemos con algo diferente." Más bien, agrandamos el castigo, y esta vez castigamos a nuestro hijo más tiempo. Lo mismo ocurre con nuestros empleados si recortamos su salario o los suspendemos. Aquellos procedimientos se convierten en un círculo vicioso y resultan ineficientes. Como dijo Victor Cline, en su libro "Cómo convertir a su hijo en ganador": Restringir el uso del auto o de la bicicleta por treinta días

en vez de tres, no es diez veces más efectivo. De hecho, es mucho menos efectivo y aún contraproducente. ¿Por qué? Se comportará bien los tres días en que no use el auto o la bicicleta. Pero en tres días podrá de nuevo usar el auto o la bicicleta y el asunto quedará olvidado.

Si utiliza un refuerzo negativo, ofrezca un plan para que la persona pueda mejorar su situación. Claire, por ejemplo, era una chica brillante de 16 años que estaba a punto de ser expulsada de la escuela por abstencionismo escolar, malas calificaciones, y además, discutía mucho con su madre. Estaba a punto de huir de casa, y su madre le había quitado toda ayuda económica, el uso del teléfono, y le había prohibido tener novio como castigo. Pero la situación sólo estaba empeorando. He aquí el plan que le ayudó tanto a la hija como a la madre: si traía una nota de la escuela todos los días, diciendo que le había ido bien en todas las clases, haría posible que Claire pudiera volver a usar el teléfono; cuatro notas durante la semana harían posible que saliera con su novio un fin de semana; y cinco notas resultarían en dos citas.

La madre tenía sus dudas al principio, pero el plan resultó mejor de lo que ella pensaba. Ésta fue la moraleja: cuando se castigaba a Claire con perder ciertos privilegios, no había ningún cambio hasta que se le mostraba la posibilidad de volver a tener sus privilegios de vuelta.

Una última sugerencia. Si el control por estímulos negativos no está funcionando trate de transformar la ausencia del mal comportamiento. En otras palabras, estimule a actuar de formas que no resulten en mal comportamiento. Karen Pryor, en su libro *Don't Shoot the Dog* (No mate al perro), nos cuenta como pudo cambiar el mal uso que su madre le daba al teléfono a través de este modelo. Su madre había sido una joven fascinante y graciosa. Pero cuando quedó inválida y tuvo que vivir en una residencia para ancianos, sus conversaciones telefónicas se concentraban únicamente en sus problemas, dolores, soledad, falta de dinero. Sus quejas se convertían en llanto, y su llanto en acusaciones. Esas conversaciones se convirtieron en algo tan insoportable que Pryor empezó a evadir sus llamadas.

Pryor decidió que debía haber una mejor manera de tratar este problema. Empezó a concentrarse en su propio comportamiento durante las llamadas, intencionadamente redujo las quejas y las lágrimas, y cuando su madre se quejaba, ella le respondía diciendo: "Ah," "Humm," y "Bueno," en vez de colgar. Entonces reforzaba cualquier cosa que no fuera una queja, preguntas acerca de los hijos, noticias del hogar para ancianos, conversaciones acerca del clima, libros y amigos. A esto, ello respondía con entusiasmo.

Sorprendentemente para Pryor, veinte años de conflictos, lágrimas y angustia se convirtieron en carcajadas y agradables conversaciones después de dos meses. La alegre, graciosa, e interesante madre había regresado.

¿Es tal transformación una manipulación? No. Solamente es lo que John Wooden usó con sus jugadores y lo que nosotros día a día usamos para influir en el comportamiento de quienes nos rodean. James Q. Wilson dice que ese es el mérito que le damos al "amor," en contraposición al "castigo," y que la gente puede cambiar las rutinas de interacción donde influyen "las palabras, el tono de voz, los gestos, y la expresión. Todo ello implicará nuestra aprobación o desaprobación al comportamiento de otros."

¿Puede la culpa ser una herramienta legítima de motivación?

Vamos ahora a analizar una de las áreas más difíciles cuando se trata de encontrar el debido balance al decidir qué herramientas utilizar para motivar. El tema de la culpa. Existen dos puntos de vista muy extremos al respecto: 1) el hecho de que la culpa nunca es válida, que uno nunca debería sentirse motivado por esta fuerza a hacer nada; y 2) la posición de que la culpa es la manera más efectiva de obtener adhesiones, especialmente en los niños.

Examinemos la primera posición. Este punto de vista se ilustra muy bien por los que abogan por siempre negar todos los "debo". Los psicólogos populares siempre han dicho que la gente debe comportarse bajo la teoría del "Yo puedo," en vez de bajo la teoría del "Yo debo". Desprecian la admonición, "Deberías llamar a tu mamá."

Es un ideal con cierto atractivo, el que podamos vivir sin nunca usar emociones negativas para motivar a nadie. Pero realmente, hay mérito en vivir con ciertos "deberes," y la culpa es una emoción muy válida. De hecho, cuando hacemos algo mal, nos debemos sentir culpables. Motivados por esa culpa, podemos corregirnos y evitar cometer los mismos errores en el futuro.

Pero también es muy fácil para el motivador excederse en el uso de la culpa. A corto plazo es fácil de utilizar y aparentemente produce resultados. Así que los padres en ocasiones se aprovechan de la culpa para corregir a sus hijos. Para ilustrar el efecto de tal proceder, me referiré a un paciente que tuve recientemente. Una mujer en sus cincuentas. Manifestaba depresión y era letárgica. Al averiguar por qué era tan infeliz, descubrí que todavía le temía a la forma manipuladora en que su madre la controlaba cuando era niña. Esto era lo que pasaba: si hacía algo que a su madre le disgustaba, tal como escaparse para ver una película (era un hogar muy restrictivo en donde casi todo estaba prohibido), su madre adoptaba la posición de "lastimada," y continuaba haciendo pucheros por varios días. Le pregunté a mi paciente si ella tenía tales comportamientos a menudo. "Por supuesto que no," replicó. "No podía soportar como me sentía porque sabía que la había herido." Esta madre usaba las lágrimas de manera muy cruel. Al hacer pucheros y llorar lograba manejar las emociones de su hija a quien maneja como una marioneta, y la culpa continuaba después de 40 años.

Resulta importante distinguir entre la culpa neurótica y la culpa legítima, como lo dice Paul Tournier en su espléndido libro, *Guilt and Grace* (Culpa y Gracia). De forma legítima la culpa es lo que emana del conocimiento de que hemos errado el cual nos lleva a corregir nuestro curso. La culpa neurótica es lo que perdura aún después de que se han tomado las medidas correctivas, y es agobiante antes que provechoso. Por otra parte, tampoco debemos pensar que tenemos que caminar como sobre cáscaras de huevo por miedo de dejar en nuestros hijos esa culpa perdurable, ni tampoco deberíamos esconder nuestras emociones cuando nuestros hijos nos desilusionan. La diferencia crucial de un padre manipulador es que él o ella se valen de las lágrimas y del enfado para controlar a sus hijos.

Entonces la pregunta que tenemos que hacernos es: ¿Tiendo a explotar los sentimientos de los demás o simplemente permito que el enfado surta su efecto de enseñar a mi hijo (o a mi empleado) una lección? En este ámbito, ¿cuál es mi actitud dominante? La relación se convierte en neurótica y manipuladora cuando le enseñamos a nuestros hijos que los sentimientos de papá y mamá son la razón más importante para nuestras acciones. Por el contrario, nuestra motivación debería ser enseñarles que hay ciertas leyes que estipulan lo correcto y lo incorrecto en nuestro universo y que deberían esforzarse por tomar decisiones cuidadosas, considerando siempre los resultados. Por lo tanto, es importante que evitemos lamentarnos y decir:"¿Cómo pudiste hacerlo y herir tanto a tu madre?"

Tom Edwards, excelente escritor y maestro de estudiantes de secundaria, señala: "Nuestro objetivo no es controlar a la gente, sino mas bien señalarles las consecuencias y aconsejarles. De manera que no estamos manipulando sino motivando."

Utilizar las herramientas negativas de la forma correcta con el propósito de motivar no es un asunto fácil para nadie. ¿Cuál es el balance apropiado entre el refuerzo positivo y negativo? Por ahora, pongámonos de acuerdo con el hecho de que el elogio debería ser mayor que la represión, y que a la larga usamos el miedo o la culpa como herramientas para lograr altos valores en vez de temer a nuestro desagrado.

CAPÍTULO DIEZ

LA VOLUNTAD DE GANAR

"Muchos individuos fracasan, no por negligencia, sino porque no son lo suficientemente apasionados."
—Burt Struthers

Para la mayoría de los millonarios, acumular dinero se convierte eventualmente en un juego. Ya no trabajan porque lo necesiten, sino porque aman competir. Disfrutan de mostrar sus habilidades en el mundo de los negocios.

Ese instinto de competencia parece ser innato en nosotros; de otra manera el mundo no disfrutaría de los juegos. Y en ello subyace una muy fuerte, como peligrosa base para motivar a las personas. Las organizaciones de ventas usan constantemente esa técnica en diferentes situaciones, como concursos para ganarse un vehículo, o un viaje de vacaciones o un prestigioso premio en el banquete anual. Si uno quiere motivar a una escuela elemental para recoger fondos para la compra de nuevos computadores, la mejor forma de hacerlo es inventar un concurso entre salones y mantener la competencia lo más reñida posible. Si los resultados se anuncian a diario cada alumno podrá verlos (y sabrá que todos están viendo sus resultados también). Así el entusiasmo crece. El valor del premio no es tan importante como la emoción de la competencia.

Charles Schwab, quien supervisaba la fábrica de acero de Andrew Carnegie, tenía un supervisor y sus empleados no estaban produciendo su cuota de trabajo. Él le dijo a Schwab: "Había persuadido a los hombres; los había presionado; los había amenazado con suspenderlos y despedirlos. Pero nada funcionaba. Simplemente, no producían."

Al final del día, cuando el turno de día se estaba yendo y el turno de la noche estaba llegando Schwab dijo: "Denme una tiza," entonces le preguntó al primer hombre que vio, "¿Cuantos calentadores se hicieron en tu turno hoy?" "Seis." Sin más palabras, Schwab escribió en el suelo un gran número seis y se fue.

Cuando el turno de la noche llegó, vieron un gran seis y se preguntaban qué significaba ése número. "El jefe estuvo aquí hoy," dijeron los hombres que trabajaban de día, "y escribió en el suelo el número de calentadores que hicieron."

A la mañana siguiente Schwab recorrió la planta de nuevo. Los del turno de la noche habían borrado el gran número seis y lo habían reemplazado con un gran número siete. Cuando el turno de día se reportó para trabajar a la mañana siguiente vieron el gran número siete en el suelo. Los del turno del día entonces pensaron que eran mejores que los del turno de la noche. Por lo tanto, llenos de entusiasmo, escribieron un gran y arrogante diez. Las cosas estaban mejorando.

En corto tiempo, la fábrica que había estado muy atrasada en resultados, estaba produciendo mucho más que cualquier otra fábrica de su clase. Y, ¿cuál es el principio implicado aquí? Schwab lo describe así: "La forma como se deben hacer las cosas es estimulando la competencia. Pero no de forma sórdida, pensando sólo en adquirir dinero, sino pensando en el deseo de sobresalir."

Los idealistas tratarán de decirnos que cuando hacemos que la gente compita entre ella estaremos usando una forma de manipulación y que ese instinto agresivo se debería controlar en vez de alentar. Como veremos más adelante, la agresión alimentada por la ira es sin lugar a dudas peligrosa, pero el punto es que todos somos competitivos por naturaleza, y que ese impulso puede ayudar a las personas a lograr cosas que nunca alcanzarían de otra manera. Los atletas son un buen ejemplo al respecto. Cada corredor, cada nadador, cada futbolista rinde su mejor resultado cuando compite con otros. Es el hecho de compararse, el anhelo de superar y de ganar, lo que los impulsa. Obtener el primer puesto en la escuela, competir con otra compañía, la lista de los diez mejores empleados, todos estos son poderosos incentivos.

Entonces, la regla número nueve para descubrir triunfadores es:

Utilice con moderación el factor de la competitividad

Digo con moderación porque la competencia tiene únicamente usos limitados. Si a los trabajadores de una fábrica se les enfrenta de manera excesiva con sus compañeros, se sentirán manipulados y se resistirán a hacerlo. Además, si se permite demasiada agresividad entre estudiantes o empleados, comenzarán a atacarse por la espalda. En las escuelas de alta competencia, estudiantes hasta se roban los libros de las bibliotecas para impedir que otros estudiantes los puedan usar. Este exceso, sin embargo, no desmiente el valor de la competencia sana, y no nos debería disuadir de usar comparaciones para estimular a que haya un mejor esfuerzo.

Un Nobel homenajeado por la competencia

El balance ideal entre la cooperación y la competencia se encuentra en el trabajo de Arno A. Penzias, quien en 1978 obtuvo el premio Nobel en física, por sus descubrimientos en lo que se conoce como la radiación de cuerpos negros cósmicos. Hoy él es vicepresidente para la investigación de Laboratorios Bell. La familia de Penzia apenas había escapado de la persecución Nazi a los judíos cuando llegaron a Nueva York (un mundo extraño para ellos) en la primera semana de enero de 1940. Con el tiempo, su padre llegó a ser superintendente de varios edificios de apartamentos en el Bronx, y su madre pasó de recolectar basura de los elevadores de servicio y de los hornos, a trabajar en el distrito comercial de la ciudad.

"Supongo que todos son desdichados en los últimos años de secundaria," dice Penzias. "Tenía acento extranjero. Nunca entendí la manera de ser de los chicos. Para el tiempo en que ya hablaba bien inglés, ya no podía jugar los juegos de los más jóvenes." No le fue muy bien en física de secundaria. No obstante, fue a estudiar al City College de Nueva York, principalmente porque "no era tan costoso." Eso significaba que no tendría que asistir a tutorías. El M.I.T. no admitió su ingreso, y pudo entrar a Columbia, donde apenas sobrevivió.

Dejaban entrar a casi cualquier persona. Entraba cualquiera que trajera un título en inglés. No obstante, la mitad de la clase reprobaba. Era como un molino mecánico de seres humanos.

Nunca olvidaré mi primer examen, en la clase de Townes, en un curso de óptica. Era un examen con libro abierto de cinco preguntas. No podía contestar ni una sola. Cuando llegué a la pregunta número cinco, estaba sudando frío. Estaba sentado en ese salón, y ya había pasado por las primeras cuatro preguntas. No había contestado siquiera una de ellas. Llegué a la número cinco, y miré a mí alrededor, vi que todo el mundo estaba trabajando. Me pregunté: "¿Seré yo el más tonto en este salón?" Al final, mi nota fue de cincuenta y cuatro, la cual resultó ser la segunda más alta en la clase. Resulta que Townes, estaba empezando a pensar en el láser y quería aprender sobre la óptica. Por ello, en el examen preguntó acerca de las cosas que él quería saber.

Penzias explica que apenas si se pudo graduar: "Había dos cosas en las que era bueno. La primera es que era bueno organizando cosas en orden mecánico, para construir cosas, y la segunda, tenía y tengo la habilidad de soportar el dolor. Esto fue lo que me ayudó a sobrevivir en Columbia."

¿Hubiera podido Penzias ganar el Premio Nobel sin haber aprendido a soportar el dolor en ese ambiente tan competitivo como el de Columbia? No podemos asegurarlo, pero claro, ahora que dirige investigaciones, ciertamente no ha abandonado ese sentido competitivo. "Nadie me impone la cuota de patentes que tengo que aprobar," dice. "Pero hay presión por todas partes, presión de los japoneses, quienes compiten con nosotros, nuestra propia presión por ayudar a los que están intercomunicados, a los que están en las terminales, a los que están en los canales, ayudar a todo grupo de personas lo más rápido posible. Esto requiere cierto parámetro para mí y para el resto de personas." La competencia siempre será un factor determinante en quienes estén altamente motivados. El truco está en usarla equilibradamente.

Cuando la comparación falla

Hay una gran diferencia entre comparar para criticar y comparar para inspirar. La comparación es dañina cuando una esposa le dice a su esposo: "Si Jack, el vecino puede trabajar todo el día y no está muy cansado para pintar la casa, ¿por qué tu no haces lo mismo?" Muchos han usado esta técnica por muchos años. Algunos padres dicen: "¿Por qué no traes buenas calificaciones como tu hermana?" Estos son mensajes negativos que nos debilitan en vez de hacernos más fuertes. La comparación bien empleada sería la siguiente: "Sabes Tom, cuando vi lo que los vecinos hicieron en el jardín, me parece que podríamos hacer algo parecido con el nuestro, ¿qué te parece?" Por ejemplo, considere lo que ocurrió en *United Way*. Allí los empleados hicieron un listado de procedimientos que se podían mejorar. Aquello puede ser una herramienta muy poderosa para hacer que la gente dé más de sí. Las personas quieren verse bien frente a sus colegas. Al tener presente que lo que se busca no es avergonzarlos sino inspirarlos, podemos transmitir un mensaje saludable: si otros pueden hacerlo, nosotros también podemos. Es el viejo principio de aumentar los fondos "el dinero hace más dinero." Como cuando se hace una campaña para conseguir fondos, al principio se requiere de una buena contribución, luego se llama a los amigos. Los amigos puede que den poco, pero buscarán bien en sus bolsillos si quien los invita a contribuir es conocido, por ser un buen dador. Es el viejo y saludable instinto competitivo. Hacemos mucho menos de lo que somos capaces hasta que alguien aparece con mejores posibilidades.

El enojo como motivador

Ahora analicemos una emoción que está aliada a la competencia, pero que es una extensión más alejada de esa pasión: el enojo. Aquí de nuevo, el idealista puede suponer que la única forma de inspirar a alguien es apelando a su instinto benevolente, pero los mejores motivadores usualmente también apelan a la ira de la gente. ¿Por qué? Porque una energía enorme reside dentro de nosotros y sale a la superficie sólo cuando nos enfadamos. Martin Luther dijo en una ocasión: "Cuando me enfado puedo escribir, orar, y predicar bien, mi temperamento se acelera, y mi entendimiento se agudiza, y toda mi irritación mundana y tentaciones desaparecen." Un poco de justa indignación parece sacar lo mejor de la identidad nacional. Los Estados Unidos nacieron cuando 56 patriotas se enfadaron lo suficiente como para firmar la Declaración de Independencia. Llevamos un hombre a la luna por que Sputnik nos hizo enfadar al ir, en segundo lugar, al espacio.

Este principio motivacional se ilustra muy bien en el caso del uso que Lee Iacocca le dio al Wall Street Journal. En 1979, el periódico había publicado un abrasador editorial criticando el manejo de Chrysler en ciertos temas y diciendo que a la compañía, que estaba cerca de la bancarrota, debería dejársele "morir con dignidad."

Iacocca le sacó mucho provecho al artículo. En vez de permitir que éste lo perjudicase, o en vez de ignorarlo esperando que la gente lo olvidara, lo usó para levantar una apasionada simpatía por la causa de la compañía. Esta es una parte de su discurso:

"El Wall Street Journal me sugirió dejar que la Corporación Chrysler 'muriera con dignidad.' Después de todo, estábamos quebrados. Nuestras plantas eran museos industriales. Los recintos para ferias del Estado de Michigan estaban llenos de autos sin vender.

Me enfadé... Mis colegas en Highland Park se enfadaron también. Miles de propietarios de Chrysler por toda Norteamérica también se enfadaron. Nuestros sindicatos, nuestros proveedores, y nuestros prestamistas se enfadaron. Nos enfadamos tanto, que nos agrupamos, y conversamos para arreglar las cosas, y trabajando unidos, arreglamos lo que estaba mal en Chrysler.

Doblamos nuestra productividad. Rejuvenecimos nuestras fábricas. Disminuímos costos. Empezamos a construir los autos y camionetas de mejor calidad en Norteamérica. En corto tiempo, cambiamos las cosas. Ahora, estamos vendiendo autos y haciendo mucho dinero. Esta historia tiene una moraleja. Cosas extraordinarias pueden ocurrir cuando los americanos se enfadan. Creo que algo de disgusto bien dirigido puede curar la mayoría de cosas que están mal hoy en Norteamérica."

Muy pocas personas que escuchan el discurso de Iacocca pueden contenerse de emprender una acción positiva, pues tal discurso hace que uno quiera apoyar al desvalido.

Cuando la ira es legítima

¿Está la ira mostrada desde un punto de vista negativo en la Biblia? Las palabras hebreas que traducen "ira" o "enojado" en el Viejo Testamento aparecen casi 455 veces, y cerca de 375 se refieren a la ira de Dios. Cristo se encendió de cólera con los escribas y fariseos, y las Escrituras ilustran la vida en general como una guerra: luchamos contra fuerzas malignas, contra fuerzas oscuras.

Cualquier orador motivacional usa toda una armadura de emociones para motivar al interlocutor, y la ira es ciertamente una de ellas. Mark Twain era conocido por decir que para controlar una multitud uno debe alternar entre animar a la muchedumbre y abusar de ella, y que todo buen orador, como todo entrenador, mostrará ocasionalmente enfado hacia su audiencia.

Las ventajas de tener un enemigo común

Junto a la ira y al espíritu competitivo existe otro aspecto: la tendencia de unir a la gente. Una familia grande puede tener a sus niños peleando en la mesa, pero si uno de ellos es criticado por alguien de afuera y se discute ese punto en la mesa, inmediatamente todos se unen. Y una congregación que esté peleando internamente puede olvidar rápidamente sus diferencias si se siente inspirada por algún enemigo común.

De hecho, las iglesias nos proporcionan un universo en común que vigila como la moral del grupo se construye o se destruye. En todas nuestras conversaciones religiosas acerca del amor, nunca he visto una congregación verdaderamente llena de entusiasmo la cual no tuviera la convicción de que estaban peleando contra algún enemigo. Las adversidades pueden ser muy diferentes para cada tipo de iglesia, pero parece esencial encontrar algo a que oponerse.

La falta de honradez incita a la furia

No debemos pasar por alto el hecho de que los propagandistas pueden avivar la llama del odio con consecuencias nefastas. Las guerras y los asesinatos son también el resultado de la ira de muchos. Hitler propagó una enorme energía y unión para usar a los judíos como chivos expiatorios, y cuando Jim Jones convenció a 912 personas de suicidarse al mismo tiempo, lo hizo inventándose un mundo paranoico e irreal para que sus seguidores lo odiaran. Estos son dos casos de ira la cual causó que la gente se enloqueciera por matar.

Para evitar tal perversión, debemos apelar con moderación al instinto competitivo de las personas. De igual manera, debemos escoger nuestros enemigos cuidadosamente. No hay nada malo en odiar, siempre y cuando esté dirigido hacia los objetivos correctos: crueldad, egoísmo, engaño, manipulación, infligir dolor a víctimas indefensas. No es que haya nada de malo en congregar a las personas para trabajar duro porque están enfadadas, siempre y cuando les demos objetivos legítimos para su enfado y los refrenemos de crear apoyadores para arrastrar a muchos tras de sí.

En nuestro mundo hay muchas injusticias, muchísimos equívocos para corregir, y demasiada gente abusiva a la que oponerse sin tener que crear ningún receptáculo artificial para nuestra ira.

CAPÍTULO ONCE

CÓMO HACER QUE LA GENTE COLABORE ENTRE SÍ

"Lo que llamamos sociedad es realmente una gran red de mutuos acuerdos."

—S. I. Hayakawa.

"Es sorprendente ver cuánto alcanza el éxito sin importarle quién se lleva los créditos."

—Sandra Swinney

Ahora, debemos discutir el escurridizo tema de la moral de grupo. ¿Qué es lo que tienen ciertos líderes que les hace posible reunir a su grupo o a su familia manifestando un espíritu de equipo y una fuerte lealtad entre todos? ¿Y por qué es que algunos grupos que parecen estar inspirados lo suficiente, al interactuar unos con otros surgen fisuras y se pelean sin hacer nada de forma eficiente?

El líder que puede aprender a conocer las leyes morales de grupo se convierte en una pieza altamente valorada, pues no solamente logra el buen espíritu de equipo, haciendo que las personas realicen su trabajo en la mitad del tiempo, sino que también atrae a nuevas personas. Por ejemplo, las iglesias más exitosas son dirigidas por pastores que no tienen personalidades muy atrayentes. Su éxito radica en su habilidad para construir una congregación entusiasta y unida. Entonces en estos casos la gente se siente atraída, más al sentimiento colectivo que al mismo pastor, a una atmósfera de mucha energía. Los buenos líderes, más que crear lealtad hacia ellos mismos (lo cual es importante pero no es suficiente), también crean lealtad dentro de la organización entre sus miembros.

Así que la regla número diez para descubrir triunfadores es:

Premie la colaboración

Quienes organizan grupos exitosamente basan su trabajo en un factor fundamental de la personalidad humana: la mayoría de nosotros puede funcionar mejor cuando se une a un equipo, al menos a otra persona. Por ejemplo, yo creo en el ánimo y la solidaridad que existe entre muchos esposos y esposas que construyen algo juntos. Escribir es el trabajo más difícil que he hecho, y literalmente no lo hubiera podido hacer sin la ayuda de Diane. Este capítulo lo escribí en el Priorato de St. Andrew, un refugio benedictino a unas 80 millas de mi casa en Los Ángeles. Unos cuantos días de soledad como estos son un estímulo maravilloso, pero no estaría escribiendo a la media noche si no me sintiera tan cercano a la mujer que duerme a solas en nuestra cama esta noche. Ella está sola no porque le guste sino porque ella sabe que es muy importante para mi terminar este capítulo y enviarlo esta semana. En los terribles años cuando todos mis trabajos eran rechazados por los editores, simplemente hubiera renunciado si no hubiera sido por el ánimo y, la despreocupada confianza que Diane seguía mostrándome. Una sola persona contra muchas, raras veces gana. Pero, ¡dos personas! Es otra historia. Si usted puede encontrar a otra persona que se le una en su búsqueda, no solamente ha doblado sus capacidades, las ha aumentado considerablemente.

El mismo principio aplica cuando quiere perder peso, abstenerse del alcohol, o aprender otro idioma. Hay poder en los números. Pertenecer a un grupo acrecienta su resolución, y le da versatilidad para estar listo y sobrepasar los obstáculos.

La necesidad de pertenecer

En cada persona reside una necesidad básica que en algunos libros técnicos se denomina "el motivo de pertenecer." A cada uno de nosotros nos gusta pertenecer a cierto grupo muy unido de personas donde se nos conozca y acepte, donde estemos comprometidos con cada uno, y donde sepamos que los otros miembros del grupo serán leales a nosotros si estamos en problemas. Es el viejo instinto de manada. Idealmente, esto debe ocurrir en nuestras familias, donde se nos perdonará todo. Cuando tal devoción se cultiva en las familias, la gente puede que se aísle por un momento, pero inevitablemente termina regresando. Si tal devoción se desarrolla en un grupo de empleados tendrá un efecto unificador similar.

La gente permanecerá en su equipo de trabajo aún cuando pueda ganar más en otra compañía, pues allí se suple una necesidad psicológica importante, la necesidad de pertenencia. No es que unos sean más leales a la empresa que otros, como algunos suponen. El "hombre de empresa" es un fenómeno del pasado, si es que alguna vez existió. ¿Quién alguna vez ha tenido mucha lealtad a una empresa? Pero sí desarrollamos aprecio por ese ente, más bien amorfo, comprendido por el grupo de personas con quienes trabajamos, por las tradiciones que hemos establecido, por nuestras cualidades, y para el beneficio de los más jóvenes en la compañía, cuyo futuro depende de lo que construyamos juntos.

Las siguientes páginas hablan en detalle de algunas características que las organizaciones de alta moral parecen tener en común.

Control de calidad

Los mejores grupos siempre toman muy en serio la responsabilidad de sus propios estándares. Los líderes pobres cometen errores al dejar la custodia al control de calidad, mientras que los buenos líderes animan a su gente a sentirse merecedores de excelencia.

Este es un ejemplo de la industria manufacturera. Un amigo compró una empresa fundidora hace unos años. "Entre los empleados," cuenta él, "encontré a unos trabajadores antiguos que tenían su propio grupito. Ellos constantemente evaluaban el mejor trabajo de la planta. Cuando se juntaban para tomar café, se mostraban entre si su trabajo y se burlaban de lo que no estaba bien hecho y mostraban admiración por lo que estaba bien.

Yo no quería desintegrar a ese grupo de trabajadores. No solamente se enorgullecían de su trabajo, sino que también había cierto orgullo de pertenecer al grupo. Era importante que no permitieran que nadie del grupo fracasara. Como consecuencia, ellos hacían el mejor trabajo, dada la competencia interna y la lealtad que existía en el grupo." El propietario de la fundidora aprendió una lección importante y fue la de permitir que la moral del grupo hiciera el trabajo que a él le correspondía.

Este es un ejemplo del mismo principio aplicado a una familia. Recientemente, en un banquete, me senté junto a una mujer encantadora cuyos seis hijos habían ido a universidades como Harvard, Stanford, y Wellesley. Todos eran ganadores, no había una oveja negra. "¿Cómo hizo para inspirarlos?" le pregunté.

"Todos me preguntan lo mismo," me dijo riéndose, "y lo curioso es que no creo que haya hecho mucho. Por ejemplo, nunca les dije que hicieran la tarea o los regañé por traer a casa malas notas. Parecían motivarse los unos a los otros. Por ejemplo, recuerdo el día en que una de mis hijas me trajo un informe de notas no muy bueno. No le dije nada y lo puse de vuelta en el mostrador de la cocina. Pero cuando su hermano mayor llegó a casa y lo vio, fue al cuarto de su hermana y le subió la moral. No sé qué le dijo exactamente, pero entre otras cosas la convenció de que había ciertos estándares familiares que ella supuestamente debía mantener, y que si ella no hacía bien su parte, aquello se reflejaría en todos. Tuvo que haber sido un muy buen discurso, porque ella mejoró sus notas drásticamente en el siguiente informe académico. Ella admira y ama mucho a su hermano, y haría lo que fuera para complacerlo."

Esa madre había hecho casi exactamente lo que un buen ejecutivo hace: había construido un grupo fuerte que apreciaba la excelencia, entonces permitió que permaneciera.

Uno para todos y todos para uno

Una segunda característica de los grupos de excelencia moral es esta: todos creen que los líderes ponen primero el bienestar del grupo. Siempre hay una gran pregunta en la mente de alguien que está pensando en la posibilidad de unirse a una organización: ¿Están estos líderes simplemente exhibiéndose y tratando de fomentar entusiasmo por sus proyectos, o se asegurarán de que esta empresa sea beneficiosa para todos nosotros?

En las compañías donde la filosofía predominante es obtener tanto como sea posible de los empleados y darles lo menos posible, los nuevos trabajadores lo notan rápidamente y no tienen remordimiento al sabotear la dirección, ni al llevarse a casa en los bolsillos algunos materiales de oficina cada día. Por el contrario, consideremos el caso de Andrew Carnegie, quien asumió la posición de que "ningún hombre se convierte en rico sin que haya enriquecido a otros." Construyó una organización de alta moral que, sin lugar a dudas, lo hizo rico. Si podemos convencer a un grupo de personas de la idea de 'todos para uno y uno para todos', podemos derivar gran poder de ella.

Jean Riboud, líder de la compañía multinacional Schulumber dice que la mejor manera de seguir adelante en el mundo es "hacer que la gente crea que ganan algo ayudándote". Tal política puede ser altamente manipuladora si tratamos de convencer a la gente de que sacan algún provecho ayudándonos si no es así. Por otra parte, hay un mejor manejo cuando creemos en un proyecto, nos resolvemos a ejecutarlo con un espíritu de colaboración, y compartimos los dividendos con nuestro equipo.

El mismo principio debe aplicarse al liderazgo en la familia. No es muy motivante cuando los hijos creen que las reglas en la familia son sólo para el beneficio de los padres. Una chica podría estar convencida de que su madre insiste en cierto tipo de comportamiento simplemente porque no se quiere sentir avergonzada en frente de sus amigas. Pero si se le puede convencer de que la familia existe para el beneficio de todos y que las reglas se han hecho para que los miembros estén mejor, verá las reglas como algo mucho más aceptable. Un liderazgo rígido -aun el liderazgo autocrítico- puede ser tolerado por la mayoría, siempre y cuando sea claro para todos que el líder está dedicado al bienestar de todo el mundo.

En su libro *American Caesar* (El César Americano), William Manchester considera la impresionante lealtad que el coronel Douglas MacArthur logró despertar en sus hombres durante la primera Guerra Mundial. Cuanto todo acabó, MacArthur fue condecorado con siete medallas de plata, dos cruces y la medalla al servicio distinguido. Esas medallas se debían, sin duda, a su valentía, pero también se debían a su habilidad de despertar lealtad inquebrantable en sus tropas. ¿Y cómo lo logró? He aquí la lista de William Manchester: "Estaba más cerca de la edad de sus tropas que cualquier otro oficial, compartía sus malestares y sus miedos, y los amaba muchísimo como ellos a él." Esta última frase es determinante. "Él los amaba muchísimo como ellos a él." A pesar de su egocentrismo y desordenes emocionales, MacArthur tenía la gran virtud de despertar el entusiasmo en sus hombres: se interesaba profundamente en ellos. Los grupos que están altamente motivados saben que sus líderes los aman profundamente y que serán leales hasta el fin.

Promesas

El Centro para El Liderazgo Creativo, en Greensboro, Carolina del Norte, realizó recientemente un estudio a 21 ejecutivos, sin rumbo, por decirlo así. Éstos habían sido exitosos, con expectativas de llegar más alto en sus organizaciones. No obstante, en algún momento en sus carreras fueron despedidos u obligados a retirarse. Se les comparó con 20 "ganadores", aquellos que si lograron llegar a la cima.

Los investigadores encontraron que los dos grupos eran increíblemente similares. Cada uno de los 41 ejecutivos poseía notables fortalezas, y todos ellos tenían una o más deficiencias significativas. De manera que una persona puede cometer errores y tener ciertas debilidades, y todavía alcanzar el éxito. Pero estudios más detallados de estos llamados "ejecutivos sin rumbo", demostraron que ciertos errores continuaban apareciendo en la gran mayoría de ellos, lo que en últimas era lo que les causaba su caída. Los investigadores lo llamaron "el pecado imperdonable: traicionar la confianza." En este caso la integridad tiene más significado que la honestidad. Significa la consistencia y la perspicacia que se cultivan con el tiempo, lo que en ocasiones implica decir "Haré exactamente lo que digo y lo haré cuando yo lo diga. Si cambio de opinión, te diré con tiempo para que no te veas perjudicado."

Algunos de nosotros hacemos promesas a muchas personas, y no hay nada que desmoralice más a un grupo que no cumplirlas. Rene McPherson, un alto ejecutivo de la Corporación Dana, dijo lo siguiente cuando se le preguntó por el éxito tan fenomenal de la organización: "Sus empleados siempre notarán la manera como usted trate a otros empleados individualmente. Basándose en esto ellos decidirán si usted o la compañía son confiables." Uno puede suponer que en un gran grupo de directivos uno puede pasar desapercibido al tratar a alguien de una manera ruda, pero sólo ese ejemplo puede destruir la moral de todo el grupo. Como decía McPherson, todos están viendo como tratas a ese empleado, con la idea de que él será tratado de la misma forma.

Cuando hablamos de liderazgo en las familias también se debe dar atención a este comportamiento. Si un padre le promete a su hijo que le comprará un auto cuando cumpla 17 y no le cumple, no solamente habrá socavado la confianza de su hijo sino que también habrá deteriorado el espíritu familiar, pues todos los otros miembros de la casa notarán la decepción. Es necesario que hagamos todo lo posible para demostrarle a todos que cumpliremos nuestras promesas; de otra manera, su entusiasmo se romperá.

La justicia

Otra táctica desmoralizante consiste en premiar injustamente. Muchos investigadores han estudiado lo que se conoce como la teoría de la equidad, la cual es indiscutiblemente conocida por todo buen líder: la motivación de la gente se derrumba completamente si sienten que otra persona está siendo premiada o recompensada injustamente.

Un estudio fascinante hecho en 1972 por Schmitt y Marwel en el cual se les dio la opción a parejas de trabajadores de trabajar separadamente por una pequeña cantidad de dinero. Este era el enfoque: aunque a los dos se les iba a pagar bien, si trabajaban juntos a uno de ellos se le iba a pagar más que al otro por el mismo trabajo. Era una distribución desigual, sin aparentes razones para la injusticia. Un 40% de las parejas escogieron trabajar por menos dinero que aceptar la compensación torcida. El estudio demuestra la fuerte necesidad de ser tratados con justicia.

Es probable que por esta razón el llamado pago al mérito para los maestros en Estados Unidos no sea la solución para acabar con las falencias en su sistema educativo. No se motiva a la gente cuando se llega a una escuela y se marca al 15% de los maestros como "el mejor maestro." Puede que los motive, pero ¿qué pasa con el otro 85%? Piense en su empleo. Suponga que alguien llega a su lugar de trabajo, y evalúa el desempeño de todos, determina que el 15% de quienes desempeñan la misma tarea son los "trabajadores estrella," y les da un aumento del 25%. ¿Subiría la productividad o bajaría?

Lester C. Thurow nos cuenta que él enseña en dos departamentos de economía de dos universidades diferentes. Las dos eran famosas por sus investigaciones, no obstante, una era famosa por su buen método de enseñanza mientras que la otra lo era por todo lo contrario. No había diferencias significativas en la manera como se pagaba a sus empleados ni en el tamaño de sus salarios. El señor

Thurow concluyó que la buena enseñanza ocurría en solo uno de estos departamentos porque había una cultura social de que la buena educación era la primera responsabilidad y que debería recompensarse con respeto entre todos. Esta cultura se habría destruido si se tratara parcialmente a los maestros.

La expresión "Bien hecho muchachos" a menudo hace jefes mediocres por una razón. Si acomoda las reglas para ciertas personas, esto causará confusión al equipo de trabajo y acabará con la moral. Al tratar de tener buenas relaciones con todos y al hacer demasiadas excepciones, usted parecerá favorecer la felicidad de ciertos individuos en vez del bienestar de todo el grupo de trabajo. Viola un principio de motivación básico –justicia.

La preservación del individuo

Otro ingrediente para la buena moral está íntimamente relacionado con uno que hemos estado considerando: los miembros deben saber que no perderán su identidad dentro del grupo. He aquí una paradoja. Nos permitimos ser absorbidos por un grupo cuando estamos seguros de que el líder valorará nuestra individualidad. La idea de colectividad nos asusta cuando las personas se hacen prescindibles por el bienestar del crecimiento del grupo.

Cuando A.W. Clausen era el presidente de *Bank of America* se le preguntó su opinión acerca del estudio que hizo *The Harvard Business Review* de su cambio de cajero a presidente. En aquella reveladora entrevista, Clausen habló con afecto genuino de varios colegas en la firma. Habló de algunos ejecutivos que había conocido años atrás, de quienes había aprendido muchas cosas, y habló de los empleados de los puestos más bajos. Era obvio que la gente era importante para él.

En la entrevista continúo hablando acerca de cómo funciona esta política. Clausen habló de la historia de un ejecutivo del banco que era muy orgulloso. Había trabajado para la firma durante

25 años cuando su desempeño empezó a sufrir cambios. Ya no tenía esa chispa, y se ausentaba por largos periodos de tiempo por razones médicas. Sus supervisores decidieron que estaba siendo subvalorado, entonces lo trasladaron a un puesto diferente en otra sucursal más congestionada. Después de 30 días, volvió a tener sus viejos hábitos. No podía recordar el nombre de los clientes a quienes había atendido el día anterior, y salía más temprano debido a sus dolores en el pecho.

El gerente distrital le preguntó si tal vez algo de sus dolencias podrían ser psicosomáticas. Él dijo: "Es posible que sí, créame que los dolores son severos, pero cuando voy al médico no encuentra nada." Los supervisores le ofrecieron una posición sin tanta presión ni responsabilidad, lo cual también implicaría que él perdiera su título. A lo que él dijo: "Creo que no podría soportarlo." Su jefe le contestó: "No te culpo. Yo tampoco podría soportarlo."

Muchas compañías se habrían rendido en este punto y lo habrían despedido. Pero *Bank of America* llegó hasta las últimas consecuencias. Investigaciones posteriores demostraron que las únicas veces en que este empleado se sentía motivado era cuando trabajaba como voluntario en una organización de caridad durante las noches. Su esposa le preparaba su ropa cuando llegaba del trabajo y él se apresuraba a llegar a su segunda oficina donde trabajaba muchas horas llenas de alegría. En el banco investigaron qué era lo que le llamaba la atención del trabajo voluntario y lo asignaron a una posición similar (algo muy noble de parte del banco). Después de dos años en su nuevo trabajo volvió a ser un trabajador feliz y productivo. El director distrital explicó: "Fue una gran experiencia. Ver a alguien desencantado con su carrera y consigo mismo, y posteriormente ver su recuperación. Todos lo vimos. Para ser sincero, aquello nos produjo una gran satisfacción."

Los compañeros de Clausen se sintieron respaldados al ver cómo se hizo todo lo posible por ayudar a un solo empleado. Como podemos ver, para los demás trabajadores cuenta si la compañía demuestra interés con un solo individuo.

Diversión

La última característica de las organizaciones con alta motivación es que sus miembros disfrutan de estar juntos. A menudo, los padres o los jefes son los que se encargan de decir: "Bueno, ya es suficiente diversión por hoy, volvamos al trabajo," cuando, en realidad, el trabajo se puede hacer bien mientras que uno se divierte. Thomas A. Edison una vez recibió una carta de un solemne accionista. Escribió: "Un vicepresidente de su compañía no posee el sentido apropiado de la dignidad con respecto a su posición y de quienes se asocian con usted. Se me ha dicho que sus carcajadas se pueden escuchar a través de las puertas de la oficina."

En respuesta, Edison le envió una carta a este vicepresidente, junto con una fotografía de un sonriente y alegre fraile. "Cuelgue esta fotografía en la entrada de un pasillo," escribió. "Haga que todos en su oficina la vean. Deje que sea un recordatorio constante de que los buenos negocios nunca se concretan a menos que haya un ambiente razonable de buen humor y humanidad."

En una ocasión fui entrevistado por un comité corporativo que se reía más de lo usual. Se reunían durante largas sesiones por lo menos una vez a la semana, y, a pesar de que eran individuos muy diferentes, trabajaban juntos con mínimos roces y gran entusiasmo. En mi opinión, el secreto de tal armonía eran sus carcajadas. El presidente, Harry Griffin, había estructurado el grupo de esa manera desde el principio. Su filosofía era: "Vamos a estar juntos por muchas horas antes de terminar el trabajo. Si queremos, podemos hacer rechinar los dientes y tratar de terminar lo más pronto posible, sin intentar pasar un buen rato. O podemos decidir tener algo de diversión cada vez que nos reunamos y yo voto por la última." Aquello no significaba que ellos perdieran el tiempo durante sus reuniones. Más bien, el sentido es que había espacio para la risa. Había mucho trato cordial entre ellos, y el resultado era un maravilloso espíritu de equipo, el cual hacía posible que terminaran sus tareas meses antes de lo previsto.

La gente nunca se ríe todo lo que quisiera, ni se divierte todo lo que le gustaría; de manera que si puede construir su clase, su equipo, o su comité para que haya espacio para la risa, tendrá personas pidiendo a gritos unirse a su grupo.

Fuimos creados para bromear y jugar. Anne Sullivan era muy estricta con sus tareas y con Helen Keller. ¿Cómo pudo manejar esa situación con esta estudiante joven y energética? Se debió en parte, a que ella mezclaba risas y juego con sus estudios y trabajo riguroso. Inmediatamente después de que aprendieron a comunicarse con las manos, Anne le enseñó a Helen a jugar. "No me había reído desde que me quede sorda," dijo la señorita Keller. "Un día llegó a mi salón riéndose tranquilamente. Puso mi mano en su iluminada y expresiva cara y me enseñó a decir 'risa.' Entonces me condujo a un estado de júbilo que llenó de alegría los corazones de mi familia. Después me enseñó otras modalidades de juego, como nadar, dar volteretas, dar saltos, saltar cuerda, al mismo tiempo que me enseñaba el vocabulario relacionado. En pocos día era otra niña, haciendo nuevos descubrimientos a través del juego y la diversión."

Cómo se construye el espíritu de equipo

Hasta este punto hemos considerado ciertas cualidades que caracterizan a los mejores grupos: control de calidad, lealtad mutua, integridad, justicia, y la seguridad de que los miembros del equipo serán valorados como individuos. También hemos considerado la importancia del juego. Ahora veamos algunas técnicas específicas que los líderes pueden usar para mejorar el espíritu del equipo que hemos descrito.

1. **Recompense la cooperación.** Algunas organizaciones están estructuradas para que sus miembros hagan una gran contribución a la empresa a cambio de nada. Por otra parte, hay quienes obstaculizan el desempeño de otros a fin de apuntarse un logro personal con el ánimo de tener alguna recompensa. Obviamente, tales políticas promueven la competencia desleal y la ausencia de moral. Si dentro de una organización son únicamente los apadrinados quienes obtienen beneficios, su organización desarrollará un sistema de valores viciados. En contraste, si son los miembros más activos del equipo los que obtienen recompensas por su trabajo, su organización producirá muchos colaboradores.

2. **Asigne responsabilidades morales al grupo.** La presión de grupo siempre produce mejores resultados que la presión desde arriba. Por lo tanto, inculque en los miembros de su grupo o de su familia, la responsabilidad de contribuir a un buen ambiente. Cada uno de ellos será responsable de mantener la moral del grupo. En poco tiempo, ellos también habrán aprendido a ser motivadores.

3. **Planee momentos en donde los miembros de su grupo participen en otras actividades juntos.** Cuando se saca un grupo de personas de sus tareas cotidianas ocurren varias cosas. Se hacen más receptivos a nuevas ideas, se forjan lazos afectivos entre sí mucho más rápido y se aumenta la creatividad. De modo que los buenos líderes se toman uno o dos días libres junto con su equipo para afianzar sus lazos de amistad. En ocasiones me invitan a pronunciar conferencias en lugares de descanso para equipos de trabajo de empresas contables o legales. La firma se toma algunos días para asociarse, airear sus objetivos y establecer mejores vías de comunicación entre sí. Muchas organizaciones

de ventas celebran reuniones en un hotel durante un fin de semana con el objetivo de consolidar a la gente de su grupo. Al comparar sus notas y compartir con entusiasmo sus sugerencias durante sesiones del evento, descubren una camaradería que no surge en el trato casual dentro de la oficina. Las tendencias negativas se desvanecen porque están juntos sin tener que hablar de nadie y sin derribarse por ninguna voz pesimista.

4. **Asigne mucho valor a la comunicación.** Con frecuencia, cuando un grupo se fractura y sus miembros comienzan a pelear, se debe a los malos entendidos y a pequeños actos desconsiderados que van creciendo hasta convertirse en quejas mayores. En el próximo capítulo, sugeriré algunas formas para eliminar esas riñas internas, pero una manera de eliminarlas rápidamente es asegurándose de que existan oportunidades para conversar en el grupo. Las familias, por ejemplo, necesitan comunicarse constantemente. Es simple cortesía dejar pequeñas notas diciéndole a la familia dónde estaremos y a qué hora regresaremos. Tales hábitos son muy fáciles, y contribuyen enormemente a suavizar la convivencia.

A muchos de nosotros nos pudiera parecer que las reuniones de comité o de negocios en el trabajo son inútiles. Pero por más que no nos gusten y por más que no parezca que se logre nada con ellas, son muy importantes para dar a todos la oportunidad de hablar de sus actividades, hacer preguntas, y discutir los planes para el futuro. No hay nada que nos haga sentir más excluidos de un grupo que enterarnos de que los demás están informados de algún asunto y que no se nos haya comunicado. Muchas organizaciones se fracturan cuando la información surge inicialmente por simples rumores, pues esto es notoriamente discriminatorio. Se crea el descontento en quienes han sido excluidos.

La amistad en la administración

La dirección administrativa, así como la crianza de los hijos, generan mejores resultados cuando existe colaboración. El principio "No es lo que conozcas, es a quien conozcas," contiene una afirmación atrevida. No obstante, las dos afirmaciones, lo que se conoce y a quién se conoce son igualmente importantes. Hacemos negocios con alguien que demuestre tener conocimiento, que demuestre ser confiable. Alguien con quien sea agradable trabajar. Y se construye una relación basada en la confianza, donde intercambiamos favores e información. A través de los años esto resulta ser de mutuo beneficio para todos. Cuando al famoso hombre de negocios de Dallas, John Stemmons, se le pidió que ofreciera algún consejo para conducir los negocios exitosamente, dijo: "Encuentre a alguien prometedor, alguien que vaya a conseguir lo que quiere en su campo, sin importar lo que sea, y rodéese de gente en la que pueda confiar. Entonces envejezcan juntos." Muchas personas viven su vida sin descubrir ese principio. Asumen que sus éxitos o fracasos en la vida sólo son su responsabilidad, cuando en verdad mucho de lo que les pasa tiene que ver con las acciones de otros.

La lealtad de grupo no es una alianza ciega, y no es dar refugio a la incompetencia. Tampoco es la clase de ceguera perjudicial que supone que todos están equivocados excepto nuestro grupo. Resulta mejor tener un conocimiento abierto de las personas que componen nuestro grupo y de sus falencias. No obstante, nos apoyamos unos a otros por el historial construido de haber trabajado juntos en colaboración eficaz. Ese es nuestro compromiso.

CAPÍTULO DOCE

CÓMO MANEJAR A LOS CAUSA PROBLEMAS

"Estén airados y sin embargo, no abandonen.
Y no dejen que se oculte el sol estando ustedes
en estado de provocación"
—San Pablo

Algunas personas tienen personalidades entusiastas y atrayentes, y saben cómo avivar el ánimo de otros. No obstante, se ven en dificultades cuando, en su grupo, tienen que tratar con un alborotador "causa problemas". Y desafortunadamente un solo individuo problemático puede arruinar la química que existe dentro de una organización y lograr que el entusiasmo desaparezca.

Entonces la regla número once, para descubrir triunfadores es:

Prepare al grupo para enfrentar las tormentas

Para algunas personas la única manera de tratar con alguien complicado es reemplazándolo. Pero no hay manera de huir de personalidades perturbadoras, y si no aprendemos a tratarlas, estaremos huyendo de toda situación difícil en la vida. Cuando el doctor David Cowie era un joven pastor, y cabeza de una iglesia en Los Ángeles, enfrentó a un hombre en la junta directiva cuya disposición era negativa y crítica. La situación se torno tan insoportable que renunció y aceptó otro ministerio en la ciudad de Kansas. No obstante, se lamentó de aquella situación, diciendo: "La misma semana que llegué a la nueva iglesia, sentado a la mesa de los oradores, ¡estaba el mismo personaje en la reunión con los demás líderes!"

Cowie aprendió la lección. Puede que tengan caras y nombres diferentes, pero sin importar donde vayamos, la gente difícil nos estará esperando. No vale la pena huir de las situaciones interpersonales difíciles.

Robert Updegraff, al escribir hace muchos años acerca del trabajo, dijo:

> "Un hombre debería estar agradecido cada hora de cada día por los problemas que encuentre en su trabajo: ellos le pagan por lo menos la mitad de su salario. Porque si no hubiera problemas sería muy fácil pagarle la mitad o hasta una tercera parte a otra persona por el mismo trabajo. Si quiere un mejor empleo con un mejor salario, tiene que estar dispuesto a enfrentar más problemas, y aprender a superarlos. Los mejores empleos usualmente están muy cerca, o hasta llegan por si solos, si eres capaz de lidiar con los problemas y dificultades que vienen con ellos. Esto es especialmente cierto si se ha cultivado la costumbre de hacer todo placenteramente con facilidad y seguridad. Es ésta habilidad especial, que es perfectamente posible cultivar, la que usualmente determina el tamaño de su salario".

Cómo hacer frente a la rebeldía

Existe un problema al que cada líder debe estar atento. Es la tendencia natural de los seres humanos a rebelarnos contra la autoridad. La mayoría de las personas tienen esta curiosa contradicción: desean tener un líder dinámico que los inspire, pero también manifiestan hostilidad hacia cualquier persona que tenga poder sobre sus destinos. Muchos intentan rebatir las ideas que su líder propone y se resisten a aceptar cualquier esfuerzo por ayudarlos, intentando socavar la autoridad de quién los dirige. Estos son sentimientos que a veces se hacen presentes en los hijos, en los estudiantes y en los empleados. Mientras más alto llegue una persona, más sentirá de parte de todos una combinación de admiración y rabia.

Claro, una manera de evitar un amotinamiento es tener a su alrededor un grupo de personas débiles y controlar estrechamente cada cosa que ocurra. Pero tal proceder resultaría improcedente, y eventualmente, si la organización crece demasiado, al final usted se verá forzado a delegar. Y cuando lo haga, muy seguramente surgirán una cantidad considerable de conflictos. Entre otras cosas, tendrá personas con talentos más desarrollados que los suyos, que estarán más enteradas de cierto tema que usted, y con quienes tendrá que diferir en cierto momento. Entre más fuertes sean sus asociados, más seguros se sentirán de criticarlo y de cuestionarlo. Pero tal tensión no es necesariamente mala, y los mejores líderes estarán dispuestos a enfrentar estos problemas para tener acceso a un personal mas calificado. Los buenos líderes no esperan que todos sean como ellos, sino que esperan que todos sean independientes y creativos, que posean sus propias mentes y que sean lo suficientemente fuertes para dirigir a los subalternos. El problema de escoger personas que digan "sí" a todo lo que usted plantee, es que ellos nunca serán personas capaces de convertirse en líderes. Su objetivo es crear líderes que puedan hacer su trabajo, para que usted pueda concentrarse en otras actividades. En el proceso, tal vez tenga que enfrentarse a la irritabilidad de algunos.

Ventile la tensión

Parte de la responsabilidad de un líder consiste en invertir una cantidad de energía considerable en escuchar las quejas de otros. No es la manera más placentera de utilizar el tiempo, pero si se pretende que un grupo funcione apropiadamente se tiene que permitir el tiempo para que sus integrantes saquen el mal genio de su interior. Proporcionar este alivio no debería ser una carga muy pesada de llevar, si se recuerda que ello mantiene un grupo altamente motivado. El resultado es un grupo de personas de mentalidad positiva los cuales tienen una cantidad mínima de murmuraciones, críticas, y comunicación negativa. La única manera de lograrlo es si el líder está dispuesto a drenar esa gran cantidad de veneno al darle a esos buscapleitos en potencia la oportunidad de ser escuchados. La ira es inevitable, y es mucho más inteligente permitirle que se ventile que dejar que arda en los miembros del equipo, pues este ardor es lo que usualmente explota cuando surge un problema mucho mayor. En toda organización, así sea una familia de cuatro miembros o una empresa de cientos de miles de empleados, la única manera de mantener un buen nivel de entusiasmo es construyendo espacios adecuados para quejarse.

Los conflictos dentro del grupo

En ocasiones, las quejas no serán acerca de la manera como usted lidera el grupo sino respecto al comportamiento de otros miembros del grupo. En la familia, por ejemplo, los hermanos pelean entre sí y buscan que sus padres actúen de árbitros. El padre sabio y el líder sabio saben cuando intervenir y cuando permitir que los directamente implicados resuelvan sus problemas entre sí. No existe una regla general, pero si usted está a cargo tendrá que ser el árbitro de vez en cuando. No es inteligente permitir que se agranden los desacuerdos en ninguna organización. Ciertas congregaciones nunca logran nada porque sus pastores tratan de agradar a todos al estar alejados de las diferencias de opinión. El jefe que dice: "No quiero escuchar sus peleas, ustedes tendrán que solucionarlas," se enfrenta a un problema inevitable. Hay momentos en los que tendrá que intervenir, escuchar los dos lados de la historia, hacer que lleguen a un compromiso, y dar todo su apoyo a ese compromiso. El buen motivador nunca quiere perder a nadie, y no permite que ninguna pelea diezme su organización.

Cómo manejar a los conflictivos

Hablemos de las dificultades que todo padre y todo líder tiene con aquella persona mordaz que siempre causa problemas. Tal persona existe en todo grupo, y nadie logra mantener su equipo motivado por mucho tiempo sin haber adquirido alguna práctica al tratar con un buscapleitos. He aquí algunas sugerencias:

1. **Permítase admitir algún comportamiento inexplicable.** En seminarios de dirección empresarial y convenciones de ventas, siempre recomiendo que la gente dé lugar en sus relaciones interpersonales a alguna locura temporal. Los límites entre la neurosis y la psicosis son tan vagos que algunos médicos han explicado que mucha gente normal ocasionalmente cruza la línea de la irracionalidad. De manera que ayuda incluir dentro del plan una estrategia para afrontar tormentas.

2. **Trate de establecer la razón de las provocaciones.** Esto casi nunca es muy aparente. J. P. Morgan afirmaba que: "Un hombre siempre tiene dos razones para hacer algo –una buena y la real." Puede que hayan razones válidas de queja las cuales pueden ser escuchadas y corregidas si se hace un poco de investigación.

3. **Determine cuan perjudicada se encuentra la persona.** Esto tampoco es muy aparente. Algunas personas que tienen la reputación de ser las rebeldes del grupo son de hecho las más amadas por sus amigos. Puede que se les considere como maduros por tener las agallas de quejarse y sean respetados por su honestidad, y de hecho, puede que hasta el grupo las defienda con ardor si usted trata de sacarlos. Puede que usted se dé cuenta muy tarde de que ellos eran los voceros de quienes tenían emociones negativas reprimidas.

4. **Pida ayuda.** "Nunca considere un derecho lo que puede ser un favor," aconseja John Churton Collins, y algunas veces hasta el empleado más terco y poco cooperador cederá si usted le pide un consejo o alguna ayuda. Cuando esté animando a alguien desde el corazón, privadamente dígale: "La moral de nuestro grupo está en problemas y no he tenido mucha suerte en mejorarla; tú eres definitivamente

alguien a quien el grupo escucha, y me preguntaba si me pudieras dar una mano." Tal vez esa sea la única vez que le han preguntado algo como eso.

5. **Sopese las contribuciones.** Si resulta que la persona está corrompiendo y destruyendo la moral del grupo, entonces debe preguntarse: ¿Qué tan valiosa es su contribución? Los inconformes siempre serán independientes y difíciles de llevar, pero logran lo suficiente con conocer el daño que causan. Esto es especialmente cierto en algunos campos donde el trabajo independiente es el corazón del éxito de la organización. En algunos casos, es su desempeño, no su conformidad, lo que cuenta, y vale la pena depender de la estrella rebelde. William James dijo que "la esencia de un genio consiste en saber qué es lo que debe pasar por alto", y el presidente de una gran universidad escribió:

> "Mi trabajo consiste en hacer posible que el mejor maestro haga su trabajo. Así no se lleve bien con sus colegas o conmigo, y muy pocos de los buenos maestros logran hacer las dos cosas, es irrelevante. De veras que tenemos una colección de muchachos problema aquí, ¡pero si que saben enseñar!"

Tal política no es aplicable a toda organización, pero es una regla que se debe aplicar donde sea posible hacerlo.

6. **Si el problema es demasiado severo, remueva al mal elemento.** Puede que suene contradictorio con lo que he dicho acerca de dejar pasar ciertas faltas, pero hay una gran diferencia entre dejar pasar una irregularidad porque usted así lo quiere por el interés de la creatividad y, por otro lado, evitar un problema porque no le gusta involucrarse en el conflicto. Es un líder débil quien permite que la moral y el trabajo de grupo se vean afectados sólo porque tiene temor

de castigar, reprimir y hasta de despedir. Hay ocasiones en las que tendrá que tomar una posición, aunque eso signifique disminuir el grupo.

7. **Siempre que esté tratando con un buscapleitos, apele al lado bueno de la persona.** En discusiones acaloradas, desafortunadamente tenemos la tendencia a asignar permanencia a las emociones, cuando lo mejor sería decir: "Sam, te conozco desde hace tiempo –lo suficiente como para saber que no estás hablando de la mejor manera hoy, por eso sugiero que dejemos las cosas así por ahora. Los dos estamos cansados. ¿Qué tal si olvidamos que tuvimos esta conversación y mañana comenzamos de cero?" Al asumir que no es que él sea una mala persona, sino que simplemente tuvo un mal día, puede hacer maravillas en muchas relaciones interpersonales. "Sé amable cuando reprendas," le aconsejó San Pablo a Timoteo, y muchas relaciones se podrían salvar si se hiciera caso de esta admonición más a menudo. La mayoría de nosotros hemos visto como desaparecen sociedades de negocios y como colapsan matrimonios porque alguien se apresuró a hablar. Una buena noche de sueño o un buen fin de semana fuera pudo ser todo lo que se necesitaba para que todo estuviera de nuevo en su sitio.

Volvemos entonces, al principio elemental analizado al comienzo de este libro: si siempre asumimos lo mejor de la gente harán todo lo que esté a su alcance para cumplir con nuestras expectativas. La impresionante oportunidad que tenemos es que podemos hacer un llamado a lo racional y productivo que todos tenemos dentro y hasta en los que nos están haciendo pasar un mal rato.

CAPÍTULO TRECE

LA PERSONALIDAD DEL MOTIVADOR

"Nada grandioso ni nuevo puede hacerse sin entusiasmo. El entusiasmo es el timón que hace volar tu serrucho a través de los nudos del tronco. Parece que un elemento necesario de toda grandeza tiene que ver con el exceso."
—Dr. Harvey Cushing

Ahora hablemos del carisma. ¿Qué es lo que hay en la personalidad de ciertas personas que hace que puedan inspirar a otros? Obviamente no tiene nada que ver con la apariencia, ni con haber recibido una educación costosa, ni con el privilegio recibido al nacer, pues cuando consideramos el caso de algunos líderes que han puesto de manifiesto todo nuestro potencial, notamos que muy pocos de ellos tuvieron esas ventajas. Para ser un líder exitoso sólo se necesita: 1) un conocimiento sagaz de lo que hace que la gente funcione; y 2) un espíritu que contagie a los demás con energía y entusiasmo.

La última cualidad se puede adquirir fácilmente, pero desafortunadamente también se puede perder con facilidad. En otras palabras, ese es un ingrediente de la persona interior que requiere mantenimiento regular. De manera que la regla final para descubrir triunfadores es esta:

Emprenda acciones para mantener siempre en alto sus niveles de motivación.

Ciertas personas se apresuran a liderar un grupo, pero fracasan a la hora de cumplir con sus promesas. Por otro lado, ciertas personas que eran solitarias en su juventud pueden convertirse en líderes fuertes y exitosos. Esto se debe indudablemente a ese espíritu que cultivaron en aquellos años de silencio.

La independencia como un ingrediente de carisma

La gente haría bien en considerar el hecho de que todos los grandes líderes son solitarios. Contrario a lo que muchos piensan, los motivadores extraordinarios no necesariamente son gregarios ni del estilo de quienes dan palmaditas en la espalda todo el tiempo. Mas bien, a menudo pasan mucho tiempo solos, pensando y planeando.

Para dirigir bien, resulta imperativo tener independencia. El sicoanalista Nathaniel Branden dijo:

> "Los innovadores y los creadores son personas que pueden a un grado más alto que el normal, aceptar la condición de solitarios. Están más dispuestos a seguir su propia visión, aun cuando aquello los aleje de la comunidad humana normal. Los espacios inexplorados no los asustan, no tanto como asustan a quienes les rodean. Aquellos que llamamos 'genios' demuestran gran coraje, audacia y mucho valor."

De modo que es un error querer "ser líder" simplemente por sobresalir. Si examinamos las personalidades de gente como Florence Nightingale, Churchill, Napoleón, de Gaulle, Martín Luther, y La Madre Teresa, llegamos a la conclusión de que estas personas han sido muy excéntricas. Y hasta cierto punto, esa misma excentricidad los convirtió en líderes.

Para cultivar el carisma parece ser necesaria cierta dosis de soledad. Tom J. Fatjo Jr., apostó una inversión de $500 dólares para obtener una fortuna mientras todavía estaba en sus treinta y entonces fundó el Houstonian, un centro de renovación personal. Él halló que es necesario invertir un día a la semana para estar solo, usualmente en su casa de playa, para asegurarse de que ha simplificado su vida y de que está dando los pasos necesarios para cumplir con sus metas. Carl Sandburg siguió el mismo ejemplo de Lincoln y logró ser grande después de que pasó muchos años a solas en el bosque con su gran amiga, el hacha.

La vida de Jesús también tuvo momentos de soledad. El Nuevo Testamento nos dice con concisa elocuencia que antes de tener un día ocupado curando y enseñando, "en la mañana, antes de que amaneciera, se levantó y se fue a un lugar solitario, a orar."

Más tarde, aquella mañana, cuando Pedro lo encontró orando, lo saludó con gran interés: "Maestro, todos te están buscando." Es una vieja paradoja: la gente que regularmente se separa de las multitudes es a quien las multitudes siguen.

El motivador como soñador

Algunos comentaristas piensan que llegará el día en que los líderes fuertes pasen de moda y que el modelo japonés de dirección, donde la gente es homogénea y la individualidad de los líderes se minimiza, se convierta en el patrón. Hay algunas lecciones valiosas que podemos aprender de los japoneses, pero en Occidente, al menos, la mayoría de las personas, están buscando a líderes fuertes que fijen metas, tomen decisiones, e impregnen visión en la gente que los rodea.

En una cálida noche de viernes, en abril de 1961, John F. Kennedy reunió a todos sus consejeros más cercanos en la sala del gabinete para considerar el desafío espacial de los soviéticos. Spolo dos días antes, Yuri Gagarin se había convertido en el primer hombre en órbita. En aquel entonces, Kennedy tenía 43 años, pero parecía de 30. Un hombre con poco conocimiento científico, estaba escuchando a los técnicos describir una carrera de diez años, que costaría unos cuarenta billones de dólares y que tenía pocas probabilidades de poner a un americano en la luna primero que los soviéticos. Como un niño, Kennedy puso su pie en la orilla del escritorio, jugueteando con la suela despegada de su zapato, se pasó las manos por el pelo, y terminó la reunión sin decir una sola palabra.

Quince minutos después dio este anuncio: "Iremos a la luna." El corresponsal de la revista Time, Hugh Sidey, recordando esa tarde, dice:

"Ésta no era una orden militar. No hubo un clamor sobrecogedor hacia el público por la decisión. Algo especial estaba ocurriendo en la mente de Kennedy. El poeta que llevaba dentro le dio una luz del futuro. Tal vez, el espíritu competitivo irlandés respondió ante la posibilidad de una carrera. Lo que sabemos es lo que John Kennedy decidió en esos pocos minutos, poner a la nación en un pacífico y creativo viaje, como el mundo nunca lo había experimentado jamás."

Los buenos motivadores están dispuestos a pensar y actuar de esa manera tan decidida, para establecer metas más allá de las que el grupo pueda pensar. Lo que se necesita son líderes dispuestos a atreverse a pensar en grande y arriesgarse a la humillación de la derrota. Goethe dijo: "Puedes lograr cualquier cosa que sueñes. Los genios tienen decisión, poder y magia."

Claro, todos conocemos personas que hablan en grande y no hacen nada. Existe el idealista que está muy ocupado elaborando grandes escenas y no tiene tiempo para molestarse con metas más pequeñas. Si soñar despierto se convierte en un medio de evadir el trabajo duro, entonces aquello se convierte en un verdadero fracaso. Esta es la diferencia: los líderes exitosos sueñan audazmente y mantienen siempre en mente el cuadro completo, pero también están dispuestos a trabajar y dar los pasos necesarios, uno a uno, para triunfar. Kennedy, por ejemplo, no era ningún hablador. Él había probado sus habilidades para determinar una meta y cumplirla. Dentro de sus primeros objetivos estaba ser elegido a la Cámara de Representantes y después al Senado. Este era un hombre que había usado tanto sus pies como su boca, y cuando gente como él habla de sueños, son escuchados.

No es que ésta sea una cualidad inusual. La mayoría de nosotros tenemos la habilidad de pensar en grande y de soñar en grande. Especialmente los niños, fantasean con grandes logros. Sin duda, una de las razones por las que Jesús siempre estaba instando con vehemencia a que fuéramos como niños era para que tuviéramos esa inclinación a soñar despiertos. Sus mentes están visualizando constantemente lo que para ellos es un éxito fabuloso.

Esta habilidad que Jesús admiraba en los niños es igual de admirable en íconos de los negocios como Walt Disney, quien era exitoso parcialmente porque nunca dejó de pensar como un niño. Mike Vance nos cuenta lo que escuchó al estar en Disneyworld, una vez terminada su construcción: "Que lástima que Walt Disney no vivió para ver esto." Pero el replicó: "De hecho, lo vio. Es por eso que tenemos este lugar." Indiscutiblemente los mejores líderes y los más grandes motivadores han sido los que con habilidad desafiante visualizan grandes cosas en el futuro, y las ven realizándose con gran detalle.

Expresando el sueño en palabras

Hay otro ingrediente del carisma: La habilidad de hablar de nuestros sueños. Y aunque la mayoría de nosotros estamos dispuestos a soñar, no todos estamos dispuestos a compartir nuestros sueños con otros. Se nos ocurre plantear un desafío en la escuela dominical para aumentar la asistencia o sugerir un plan de expansión para nuestra compañía, pero entonces vemos a los alarmistas y a los que atacan nuestro sueño y pensamos que nos dirán que no es posible. Pensamos en la posibilidad de fallar en frente de otros y nos reservamos nuestros sueños para nosotros. El resultado es que posiblemente nuestros planes nunca se hagan realidad. Y después, en retrospectiva, nos conformaremos con la idea de haber permanecido callados.

Pero nunca se ha tenido un gran logro sin que alguien primero hubiera expresado una idea, arriesgándose a la posibilidad de enfrentar la risa de otros. Los motivadores siempre usan palabras espléndidas e intensas cuando describen su sueño a quienes en perspectiva los apoyarán. No obstante, líderes como Lyndon

Johnson, Winston Churchill y Lee Iacocca tienen algo en común: una habilidad hipnotizante al hablar. Algunos líderes han tenido su lado tímido, pero cuando se les presentó la ocasión, pudieron expresarse con claridad.

El motivador exitoso habla más que la persona promedio. Todos hemos escuchado largas disertaciones acerca de lo sabio de escuchar y mantener nuestra boca cerrada, y de hecho, hay presidentes corporativos, hombres y mujeres de pocas palabras, que lideran su organización con éxito. Pero el asunto es que ellos son directivos, no pretenden ser motivadores persuasivos. Su éxito viene de su habilidad para organizar, y eso es otro tema.

"El discursante inspirador produce celo", dijo Aldous Huxley, "cuya eficacia depende no de la racionalidad de lo que dice ni de la bondad de la causa a la que se refiere, sino de la habilidad para combinar sus palabras de forma inspiradora a la acción."

Las palabras son un vehículo sobresalientemente poderoso. Mucho del éxito de Franklin D. Roosevelt se debió a su habilidad para escoger una frase y utilizar eslógans que resumieran su sueño, y ellos hicieron parte del repertorio de nuestra vida nacional. Gandhi y Martín Luther King Jr. sabían que si uno habla lo suficiente bien, las palabras adquieren el poder casi embriagante de elevar el espíritu. Seguramente, muchos de nosotros hemos experimentado eso al escuchar, en un discurso o de manera personal cuando un motivador habla frente a su audiencia. El sonido de sus palabras, y el delicado peso de su afluencia, logran persuadirnos.

Puede obtener suficientes apoyadores de su sueño si está dispuesto a comunicar su mensaje a la mayor cantidad de personas posible. Tenga en cuenta, además, que un gran número de oyentes no se convencerán de lo que usted diga. A pesar de ello, no se dé por vencido. Algunas personas se convencerán después de que ha hecho suficientes presentaciones a un número considerable de gente. Muchos se unirán a la fiesta, y poco a poco establecerá un movimiento. Al hacer la selección correcta de palabras podrá generar en sus seguidores una materia prima invaluable: corazones exaltados.

La habilidad de no prestarle atención a la crítica

No es fácil enfrentar la crítica. No obstante, desarrollar la habilidad de soportarla es absolutamente esencial para convertirnos en motivadores completos. Las masas se caracterizan por encontrar puntos negativos en todo esquema que valga la pena y todo líder capacitado deberá estar preparado para enfrentar tales posiciones.

Con esto no estoy diciendo que esté a favor de la arrogancia o de nunca estar dispuesto a escuchar el consejo de otros. Existe una fina línea divisoria entre el valor de defender las convicciones y la inmodestia de algunos que, después de lograr alguna posición, deciden que son irreprochables. Los actores griegos lo llamaban "hubris", y esa tendencia aún sigue siendo responsable de que algunos terminen derrotados en la arena. Todos, sin importar si ocupamos una posición elevada o no, somos responsables ante otras personas. Por ello, los mejores líderes siempre cuentan con colegas que les previenen de hacer el ridículo.

No existe otro norteamericano que ilustre el perfecto equilibrio a este respecto que Abraham Lincoln. Era tenazmente atacado por la prensa del Este y, como era un hombre sensible y sabio no ignoró las críticas. Sabía que podía debilitarse si trataba de complacer a todo el mundo. De manera que siempre tenía este lema:

> "Si tratara de leer, o al menos responder, a todos los ataques en mi contra, tendría que cancelar mi proyecto como quien cierra cualquier tienda. Hago lo que sé hacer de la mejor manera, lo mejor que puedo; y me propongo seguir haciéndolo hasta el final."

En ciertos momentos los buenos motivadores han sido muy escasos. Cualquiera que analice detenidamente la biografía de Jesús se impresionará por la soledad en que llevó a cabo su ministerio. Quienes no lo comprendían no podían ser leales a él y con el tiempo lo abandonaban. Sin embargo, él continuó fielmente con su ministerio y pudo lograr más de lo que nadie nunca ha logrado sobre la faz de la tierra.

El poder del entusiasmo

Analicemos otro ingrediente del carisma, al cual se le llama comúnmente intensidad, obsesión, o entusiasmo. Sea cual sea su nombre, todos lo identificamos como una cualidad innata en cualquier motivador exitoso. Los líderes emprenden sus proyectos con una enorme energía. La multitud reconoce inmediatamente este rasgo de la personalidad y se siente atraída hacia ella. Emerson dijo: "Cada movimiento grandioso y dominante en los anales de la historia es un triunfo del entusiasmo." Y un antiguo director de ventas de NCR lo expresó de esta manera: "La genialidad es intensidad. El vendedor que surge con entusiasmo, aunque sea excesivo, es superior a quien no lo tiene. Prefiero calmar a un géiser que comenzar con un hoyo lleno de lodo."

Es un dicho común de los manuales de éxito que el entusiasmo es contagioso y que uno no puede hacer que un grupo de gente se anime si uno mismo no está lleno de entusiasmo. Tal consejo puede hacer que algunos líderes intenten adoptar una actitud de ánimo constante y estar sonrientes todo el tiempo. Pero tal comportamiento se reconoce inmediatamente como una falacia y nadie quisiera seguir a alguien superficial que finja ser feliz. He notado que los grandes líderes se molestan con facilidad, y que se deprimen y desconsuelan a veces. En al menos una ocasión, Jesús le demostró a sus aliados más allegados que estaba "abrumado por el dolor, al punto de querer morir."

De modo que uno no tiene que ser muy optimista para triunfar como líder. Pero sí tiene que tener una gran determinación hacia sus metas y hacia su grupo. Debe ser capaz de seguir adelante cuando los demás se asusten, y quieran darse por vencidos antes de terminar el trabajo.

La auto-renovación del motivador

Lo que hemos tratado de decir en este capítulo es que el carisma es más un asunto de actitud que de aptitud. Esto nos conduce a la importancia de la auto renovación. Si de la cualidad del espíritu emana el liderazgo, entonces el cuidado de la propia motivación debe ser esencial.

¿Cómo se motiva a un motivador? Aquí hay cinco sugerencias:

1. Asóciese con personas exitosas y positivas. En algunos casos tendrá que distanciarse de personas pesimistas que puedan hacerle daño. Al menos asegúrese de pasar tiempo considerable con individuos que lo inspiren, con quienes estimulen su mente, renueven su visión, y refuercen su capacidad de soñar. "Si se determina a tener éxito," dice Patricia Fripp, "es muy importante asociarse con quienes están orientados a triunfar."

2. Monitoree cuidadosamente las ideas que entran a su mente, pues como dicen los expertos en computadoras: "basura que entra, basura que sale." Si uno se convierte en lo que piensa y si constantemente alimenta su mente con un caudal de desperdicios y pensamientos triviales, es muy probable que no pueda ser el fuerte motivador que quisiera ser. Puede que tenga que apagar el televisor, mirar menos noticieros y en cambio, leer libros de grandioso contenido. Es muy recomendable reflexionar en los poderosos

pensamientos de la Biblia. La actriz Helen Hayes dijo: "Dependemos de los poetas, filósofos, y libretistas para iluminar los pensamientos que buscamos a tientas. Ellos nos dan la fuerza y el bálsamo que no podemos encontrar en nosotros. Siempre que siento que mi coraje tambalea recurro a ellos. Ellos me dan la sabiduría de la aceptación, la voluntad y la resistencia para continuar."

3. Sáquele provecho al rico caudal de información disponible en las grabaciones de audio. Lo maravilloso de éstas es que al escucharlas no sólo adquirimos las ideas de gente extraordinaria sino que es como si estuviéramos junto a ellas; al escuchar sus voces tenemos la oportunidad de hacer contacto con sus personalidades, con su energía y entusiasmo. Entonces, en vez de dejar que la radio ocupe el tiempo que invierte en conducir o el que pasa en una sala de espera, permita que estas historias de inspiración y éxito eleven su estado de ánimo. De acuerdo con un estudio realizado por la Universidad del Sur de California, si usted vive en un área metropolitana y conduce 12.000 millas cada día, en tres años habrá gastado el tiempo que hubiera usado en dos años de lecturas universitarias.

4. Asista a cursos y seminarios. Vale la pena conducir unos cientos de millas y gastar algo de dinero para asistir a cursos dirigidos por personas brillantes y donde pueda asociarse con otras personas altamente motivadas. En estos días un circuito de seminarios es equivalente al tiempo que duraban algunas carreras en tiempos medievales, y se puede adquirir una formación de excelente calidad.

5. Lleve un diario donde escriba sus metas y donde pueda plasmar su recorrido espiritual. No es que vaya a detallar cada evento del día —más bien observe y grabe los

movimientos de su alma. Si lo hace de manera regular, muy seguramente surgirán sueños y objetivos de su inconsciente. Freud era más bien pesimista acerca del inconsciente: pensaba que en la psicoterapia el material sin descubrir y el material inconsciente debían salir a la luz; pero para él, eso era como destapar un pozo séptico, lleno de toda clase de cosas oscuras y horribles. Carl Jung, por el contrario, era mucho más optimista acerca de quiénes somos en nuestro interior. Él creía que cuando descubrimos el inconsciente podíamos encontrar algunas cosas oscuras, pero que al mismo tiempo, es nuestro ser más interior el que da vida al arte más extraordinario. Jung pensaba que de allí también salía todo lo bello y creativo, y que es con lo que conocemos a Dios. Si Jung estaba en lo cierto, entonces una de las mejores maneras de mantener nuestra motivación en alto es manteniendo abiertos los corredores entre nuestra mente consciente y nuestra mente inconsciente.

Al final, la habilidad de ejercer liderazgo inspirador es una cualidad interna del espíritu; requiere que la gente, citando la excelente frase de Emerson, "viva desde lo más profundo de su ser". Y tal espiritualidad no llega de repente. Se adquiere gradualmente cultivándola y estudiándola persistentemente.

CAPÍTULO CATORCE

LA MAYOR FELICIDAD PROVIENE DE AYUDAR A OTROS

> "El amor es un fruto en cosecha todo el año y está al alcance de todos."
> —Madre Teresa de Calcuta

Nuestras oficinas están en el último piso de un centro médico, y cuando, entre cita y cita, estoy sentado frente a la ventana, muy a menudo pienso en el proceso curativo de alguien en general y en la personalidad de quienes se encargan de ayudar a los enfermos. Muchos de mis colegas, también doctores, no tienen mucho contacto con otros doctores, maestros, y trabajadores sociales. A veces se sienten agobiados por sus deberes. Hay tanta gente necesitada, con tantos problemas, que por cada paciente que atienden, hay docenas que necesitan ayuda.

Cuando hay tormentas en el Pacífico, una que otra gaviota, traída por el clima, pasa graciosamente por mi ventana, llevada por las corrientes de viento. Mis pacientes, también han huido de tormentas. Sus ideales han sido pisoteados, y ahora no están seguros de que pueden ayudar a alguien de verdad. Como dijo tristemente un clérigo, "Cuando comencé en el ministerio pensé que iba a salvar al mundo y rescatar a todos. Pero esa idea ya pasó. Ahora soy mucho más pesimista respecto a esa persona que está tratando de hacer la diferencia, y mis metas son muy simples: todo lo que quiero es sobrevivir."

De acuerdo con la jerga popular, esas personas sufren de "burnout" o fatiga crónica. Han perdido la fe en la raza humana; lo que era su esperanza de ayudar a acabar con el sufrimiento se ha reemplazado por el pesimismo, y no están seguros siquiera de creer todavía en Dios.

Cuando escucho tanta desesperanza en mis sesiones, mi mente se traslada al tiempo de guerra en Suecia y a la historia de un bautista, trabajador de torno cuyo nombre era Johan Eriksson. A pesar de que nunca lo conocí personalmente, sentía que lo conocía bien, pues su hija, Dagny Svensson, fue la directora de nuestra oficina por muchos años.

En 1939, trenes cargados con niños judíos llegaban a Suecia, y los niños y las niñas, algunos de ellos con solo tres o cuatro años de edad, hacían fila detrás del tren sin más pertenencias sino las grandes etiquetas con su nombre alrededor de su cuello, que indicaban su ciudad de origen, su nombre, y su edad. Venían flacos y pálidos y sus ojos café se veían hundidos. De sus miradas melancólicas era posible concluir que ya habían visto y experimentado cosas más allá de lo que sus edades podían soportar. Atrocidades que la mayoría de nosotros nunca veremos en toda nuestra vida.

Las familias suecas adoptaron a estos niños "mientras durara la guerra." Muchos pensaron que aquello sería un corto espacio de tiempo. Uno de los suecos que abrió sus puertas a estos niños fue Johan Eriksson. Él mismo conocía la necesidad. A sus 28 años enviudó y quedó con cuatro hijos. Para entonces era mayor y la mayoría de sus hijos ya no vivían con él. Pero cuando supo que el asustadizo Rolf de nueve años necesitaba un hogar, respondió como si todavía fuera un hombre joven. Y ahora un pequeño niño judío se empezaba a adaptar a un hogar sueco- bautista, muy estricto. Al principio, cuando alguien golpeaba la puerta o hablaba en voz alta afuera de la casa, el niño con una mirada fija se escondía en un closet y cubría su cabeza, pero estaba rodeado de calidez y amor en la casa de Eriksson. Gradualmente, comenzó a ganar peso, a olvidar esa mirada perdida, y eventualmente comenzó a reír de nuevo.

Entonces, cuando una invasión Nazi parecía inminente, la gente le decía a Johan: "Cuando Hitler venga, estarás en problemas con ese niño judío que tienes en casa. Vendrán y te lo quitarán." Apretando su quijada Johan contestaba: "Nunca me lo quitarán mientras yo esté vivo." De la misma manera, Johan defendía a Rolf frente a sus compañeros bautistas. Cuando los miembros de la iglesia asumían que él trataría de convertir al chico, Johan apretaba su quijada otra vez. El gobierno sueco había prometido a la organización de refugiados que las religiones de los niños se mantendrían intactas, y aunque Johan llevaba al pequeño Rolf a la iglesia con su familia, hizo lo necesario para que el niño aprendiera la tradición judía, para que, cuando tuviera la edad apropiada estuviera preparado para celebrar su Bar Mitzvah. Cuando la guerra acabara, Johan quería devolverle a los padres de Rolf un hijo criado lo más cercano posible a lo que ellos hubieran querido.

Pero cuando de hecho la guerra terminó, la familia nunca se pudo reunir de nuevo. Los padres de Rolf murieron en algún lugar de Europa junto con los otros millones que fueron asesinados durante esos años apocalípticos. Las cartas de sus padres se volvían cada vez más esporádicas, y un día un sobre llegó sin el sello postal. Dentro había una nota hecha a toda prisa diciendo que Rolf nunca volvería a escuchar de ellos, y que nunca debía olvidar lo que la familia sueca había hecho por él.

Y en efecto, Rolf nunca volvió de nuevo a ver a sus padres. Creció y se fue a Estocolmo, donde empezó a tener éxito en los negocios. Pero el trauma y el dolor de aquellos años tal vez le pasaron su cuenta de cobro, pues un día la mente de Rolf se desconectó. Algunos parientes le dijeron a Johan Eriksson que ya había hecho demasiado y que las autoridades querían su permiso para internar al joven en una institución, pues al parecer era peligroso. Pero Johan no lo permitiría. "Él pertenece aquí," dijo. "Este es su hogar." Entonces Rolf volvió a la pequeña ciudad de Amal y pronto se acostumbró a la tradicional tranquilidad sueca. Por espacio de un año Johan cuido de Rolf hasta que su mente volvió a su estabilidad y paz normales.

La vida de Rolf fue relativamente normal después de eso. Se casó, tuvo hijos, estableció su propia empresa, y consiguió mucho dinero. Pero nunca olvidó al hombre que le había dado un amor incondicional cuando era un niño. No había nada mejor, pues aunque Johan envejecía y enfermaba, ese lazo afectivo se iba haciendo más fuerte entre ellos. Si Johan enfermaba y lo necesitaba, Rolf no dudaba en tomar el tren que atravesaba Suecia para pasar el fin de semana con el hombre que era como su padre. Y cuando Johan estaba en su lecho de muerte, todos sus hijos se apresuraron a llegar a su casa, pero todos sabían quien llegaría primero, Rolf.

Mi mente a menudo recuerda la historia de Johan y Rolf cuando siento la duda y la desesperanza de mis compañeros de trabajo. Esta es la razón: si Johan Eriksson no hubiera logrado ninguna otra cosa digna de registrar en su larga vida, seguramente habría valido la pena vivir para haber estado allí y cuidar a alguno de esos niños. Cuando nos desalentamos en nuestro trabajo con la gente es importante devolvernos y recordarnos que no hay más noble profesión que la de asistir a otros seres humanos, ayudar a alguien a triunfar.

El poder, sus usos y abusos

Desafortunadamente, a medida que envejecemos, es fácil descartar los ideales que tuvimos cuando éramos jóvenes y después de aprender el gran poder de nuestras ventajas, convertirnos en manipuladores de quienes nos rodean. Una auténtica biblioteca está a nuestra disposición para ayudarnos en el proceso de crear este uso manipulador del poder. Libros como *Wining through Intimidation* (Cómo ganar intimidando a otros), *How to get the Upper Hand* (Cómo obtener la ventaja), y *Getting Your Way* (Saliéndote con la tuya) han vendido millones de copias en esta era de la filosofía del "yo primero." En estos tiempos es muy común ver personas que consideran a sus semejantes como simples objetos —robots, cuyo valor podemos cambiar por dinero, poder, o ambos.

Pero ahora analicemos un libro bien pensado escrito por Robert K. Greenleaf, director retirado del departamento de investigación de *American Telephone and Telegraph*. Su investigación mostró que los manipuladores despiadados y egoístas nunca terminan por lograr sus objetivos. Tan solo el título de su libro es instructivo: *Servant Leadership: A Journey into the Nature of Legitimate Power and Greatness* (Liderazgo al servicio: Un viaje por la naturaleza del poder legítimo y la grandeza). Greenleaf dice que: "Ser un jefe solitario en lo más alto de la pirámide es anormal y corrupto. Cuando alguien llega a lo más alto de la pirámide, esa persona ya no tiene colegas, sólo subordinados."

Greenleaf no pierde el tiempo con un modelo alterno de pirámide. Solamente habla de la actitud del líder y puntualiza el hecho de que la persona en puestos de autoridad debe asumir la actitud de servir. Las mejores personas de negocios siempre han conocido la importancia de ese concepto. A. W. Clausen presidente de *Bank of America*, bromeaba diciendo que había ocupado el 60% de su tiempo en planear, el 60% en la gente, y el resto del tiempo lo había ocupado en las otras cosas. En esta era de avances tecnológicos es muy fácil olvidar que nuestros logros o derrotas serán determinadas ampliamente por nuestra habilidad para trabajar con otros y colaborar con ellos para lograr un mejor desempeño. Cuando Zoltan Merszei se retiró de *Dow Chemical* para ser el presidente de *Petroleum Occidental*, contrató a uno de sus viejos colegas en Dow como director de personal. Al momento de hacer su nombramiento oficial hizo el siguiente comentario acerca de sus prioridades: "Ron está de acuerdo con mi filosofía de que la gente hace negocios. La tecnología está en un segundo plano."

Simplemente no hay nada comparado con la recompensa de ayudar a otros a crecer, con el placer de enseñar a otros a triunfar, y con el entusiasmo de organizar a un grupo de colegas para que se contagien de entusiasmo. Por supuesto, la idea de tal liderazgo contributivo no es del todo nueva. Cuando Jesús dio instrucciones a sus discípulos acerca del tipo de líderes que serían, les advirtió contra una actitud de mando parecida a la de los políticos. Les dijo que serían capaces de lograr grandes cosas si se convertían en "esclavos de todos." Pues, "El hijo del hombre," explicó, "no vino para que se le sirviera, sino para servir"

Recientemente, antes de que hiciera algunos cambios a una conferencia médica en Monterrey, California, conocí al doctor Arthur Tayengco, quien nació en las Filipinas y creció como una persona de clase media. Habría sido completamente normal que Arthur hubiera seguido una vida común y corriente, si no hubiera sido porque en la escuela a la que asistió, había un sacerdote de la iglesia Redentora, el padre Ian Madigan. Un irlandés muy risueño y con brillo en los ojos, que se interesó por él. "No sé donde estaría en este momento si no hubiera sido porque el padre Madigan se interesó en mí y me habló de mis posibilidades," dijo el doctor Tayengco. Hace dos años, el doctor Tayengco hizo una importante peregrinación. Para esa época el viejo sacerdote había regresado a su tierra natal, ahora el famoso médico y su esposa viajaron a visitar a este desconcertado y envejecido hombre. "Sólo tenía que decirle que estaba en deuda con él," dijo el doctor. "No se puede subestimar la influencia de maestros como él."

El potencial de las personas

Este viejo sacerdote irlandés era un fiel seguidor de Cristo, no solamente en su papel de siervo, sino también en su actitud. Cuando le hablaba al chico, desplegaba otra virtud cristiana que hemos discutido a lo largo del libro: un gran optimismo acerca de las posibilidades de la raza humana. Uno de los rasgos más angustiantes dentro de la profesión de ayudar a los demás es la cínica y sombría actitud pesimista respecto a la gente en general. Cuando uno se enfrenta a los problemas y a las necesidades, es fácil caer en la trampa de asumir que la gente no quiere levantarse de sus problemas y que quieren ser parásitos.

Tal suspicacia, o posición defensiva, es simplemente innecesaria. Alguien le preguntó al director de un hotel cuántos de sus directivos terminaron cansándose. "Oh, un cuarto del uno por ciento," dijo. Si esta proporción fuera del 10%, la sociedad estaría en serios problemas. Cuentas de créditos, promesas de compra, y hasta escribir y aceptar cheques ordinarios sería imposible. Si fuera el 25%, la sociedad explotaría. El hecho es que podemos confiar en otros.

Lo maravilloso de la Biblia es que no requiere una manera muy optimista de ver las cosas para que todo sea bello y para que las cosas salgan siempre bien. Trágicamente, el sufrimiento y la crueldad son una realidad, y ningún punto de vista en el mundo sería acertado si no estuviésemos al tanto de lo que Melville llamó el "lado oscuro de las cosas." Sin embargo, la Biblia dice que el hombre y la mujer son una excelente creación de Dios. Es nuestro propio criterio el que a menudo desdibuja esa excelencia. No obstante, como humanos contamos con esos dones dados por Dios, conocidos como la dignidad y la bondad. "¿Qué es el hombre para que lo tengas presente?" cantó el salmista, "También procediste a hacerlo un poco menor que los que tienen parecido a Dios, y con gloria y esplendor entonces lo coronaste."

Alguien dijo que uno puede mirar a un discapacitado y preguntarse:"¿Cómo pudo Dios permitir la ceguera o la sordera? O uno podría mirar a Hellen Keller y notar su gran espíritu, su gran amor y sus grandes logros. Cuando se le dio el título honorífico de la Universidad de Glasgow, ella dijo: "Es una señal, Señor, de que el silencio y la oscuridad no pueden bloquear el progreso del espíritu humano inmortal." Y uno está obligado a decir que debe existir un gran Dios en este universo que produce tal grandeza.

La grandeza de servir

Es cierto que la gente puede crecer, expandir sus capacidades, saltar más alto, correr más rápido y componer música más hermosa. Eso quiere decir que el mejor liderazgo es el que sirve, porque produciremos seguidores que nos superarán. Corredores que se convertirán en entrenadores y entrenarán a otros atletas, quienes superarán sus propias marcas. Ejecutivos que contratarán subordinados y los entrenarán tan bien y los motivarán tanto que llegarán a ser sus superiores.

No es fácil acostumbrarse a tal punto de vista para desarrollar líderes, y cuando algunas personas llegan a su punto máximo se llevan sus secretos con ellos. No toleran la ambición de los jóvenes y ven a cada subordinado como un rival en potencia. Tales ejecutivos se agarran hasta con las uñas a su posición hasta el último momento posible y se concentran en luchar con sus rivales en lugar de preparar sucesores. Es una manera tonta de liderar, y sobre todo, teniendo en cuenta las generaciones, siempre van en transición.

En mi profesión muy a menudo veo padres que compiten con sus hijos y discuten con ellos cuando tratan de alcanzar su independencia. Pero cuando un hijo trata de demostrarle a su padre que él es más fuerte, no necesariamente ello implica un desafío a su autoridad; en muchos casos es el deseo de complacer a su padre y pagarle por sus años de cuidado y enseñanza.

Habiendo crecido en una granja en Texas, recuerdo con cariño los años en que empecé a igualar la fuerza de mi padre levantando los sacos de semillas. Él no se sentía frustrado cuando empecé a levantar objetos demasiado pesados para él. En lugar de resistirse a la competencia, estaba orgulloso de mí, y con una gran sonrisa le decía a mamá como su hijo se había hecho tan fuerte. Recuerdo esos eventos con mucho cariño porque son un ejemplo del mejor liderazgo, liderazgo que cree lo mejor de la gente que está bajo su mando. De quienes miran hacia abajo, toman a quienes están allí y los impulsan hacia arriba y entonces buscan empujarlos aún más arriba.

Cuando uno observa a su propia familia, es interesante ver cuán profunda es la conexión entre las generaciones. Cierto día, el verano pasado, mi hija me llamó del hospital de niños de Los Ángeles. Ella y su hijo Christopher de 21 meses de edad habían estado en la sala de emergencias toda la tarde para unos exámenes. Ella, sollozando me dijo: "Lo están hospitalizando, dicen que es meningitis".

Nos apresuramos para llegar al hospital, fuimos de un piso a otro buscándolo. Cuando finalmente la encontramos en el último rincón de un corredor, la escena grabó un cuadro en mi mente que no se borrara mientras viva. Sharon estaba cargando a Christopher, inconsciente, en sus brazos, sus piernitas y bracitos se descolgaban como las hojas de sauce después de una tormenta. Sus dedos de las manos y los pies aún estaban azules. Su abuela se acercó por un lado, y en el otro lado estaba una enfermera con su portapapeles. Cuando vi que todos venían hacia nosotros rápidamente, emociones esenciales para esta ocasión brotaron en mí: amor, lealtad, miedo, intimidación y el instinto protector que a todos nos envuelve. Pero más conmovedor fue darse cuenta que después de todos esos años en que nosotros fuimos los padres que estábamos a cargo, mi hija era ahora la madre. Ella era la que tomaba las decisiones y se encargaba del pequeño y yo simplemente estaba ahí como espectador, mientras pasaron aquellas semanas hasta que Christopher se recuperó, y yo veía la devoción de mi hija hacia él. Duraba las 24 horas del día en el cuarto del hospital. Yo estaba asombrado de ver el enorme potencial maternal, el instinto en ella que la hacía bondadosa, protegiendo a su bebé cuando era necesario y al mismo tiempo demostrando tenacidad como una osa protegiendo a su pequeño según fuera necesario. Aquí estaba Sharon, quién solo un tiempo atrás había sido una niña pequeña y frágil, de cabello rizado. Ahora estaba realmente concentrada con una determinación fiera y sobrepujante de que su hijo iba a sobrevivir y que le iba a suministrar la mejor atención médica posible. Quería asegurarse de que cuando el bebé despertara, encontrara a su madre a su lado. Aquí estaba mi pequeña, con la firme determinación de salvar la vida de su hijo, al cual no dejó morir durante aquellos penosos primeros días.

Mientras miraba, aquellas escenas me proporcionaron una instructiva metáfora para un hecho fundamental acerca del liderazgo: lideramos mejor cuando buscamos el bienestar de los que estamos liderando, cuando buscamos servir en lugar de que se nos sirva. La devoción de un padre hacia un hijo, la combinación de protegerlos y empujarlos para que salgan del nido, es el epítome del liderazgo, y es el mejor ejemplo de motivar sin manipular.

De hecho, cuando los antiguos escritores bíblicos buscaron una analogía que describiera la relación de Dios con su creación, fue esa misma conexión la que escogieron. Dios es nuestro Padre Celestial, uno padre amoroso, motivador, protector, y entrenador.

No siempre es fácil para el padre que se preocupa, para el maestro idealista o para el ejecutivo eficiente, ser tolerante con aquellos a quienes lidera. La gente que vive en nuestras casas y habita nuestras oficinas son a veces menos ambiciosos de lo que somos nosotros, a veces menos seguros de sí mismos, a veces con menos dones. Ellos son como nosotros, una mezcla de cosas buenas y malas. Pero podemos alcanzar y sacar lo mejor de ellos. Sí podemos, como lo hizo Vince Lombardi, retarlos a que den un extra del 10%. Lucharán por nosotros con más ganas que por nadie en el mundo, y lograrán cosas sorprendentes. Ese extra del 10% puede ser la diferencia con la cual se gane el juego.

www.ingramcontent.com/pod-product-compliance
Lightning Source LLC
Chambersburg PA
CBHW030519080526
44586CB00011B/256